天下·文化
BELIEVE IN READING

愈平靜
愈有生產力

HOW TO
CALM
YOUR MIND

FINDING PRESENCE AND PRODUCTIVITY IN ANXIOUS TIMES

克里斯·貝利 CHRIS BAILEY——著　吳凱琳——譯

獻給我的家人

你是天空，其他的一切只是天氣。

——佩瑪・丘卓

CONTENTS
目次

各界推薦

管理，就是決定不做什麼，人生也一樣。

追求生產力的同時，若能兼顧心靈的平靜，讓有品質的投入，
加上有品質的思考狀態，才能有更高效的產出。

戒除貪多心態、數位刺激，平靜，就能帶來工作上的幸福感。
而幸福正是：你喜歡的工作，剛好適合你。

——謝文憲，企業講師、職場作家、主持人

克里斯・貝利成功克服過勞之後，發展出明確、簡單的方法，
完美融合科學與心理勵志內容；他同時深入鑽研血清素和腦內
啡的角色，並在各章分享具體的做法，例如「貪多心態」與「刺
激程度」。現在請放慢腳步、深呼吸，沉浸於本書的內容。

——《歐普拉早報》(*Oprah Daily*)

克里斯・貝利對生產力全面思索，頓悟「追求平靜」才是創造
有生產力生活的訣竅，真是令人開心的消息。

——《舊金山紀事報》(*San Francisco Chronicle*)

這本基於科學研究的書，教導讀者如何在焦慮時代保有生產力……貝利在這本書中探討如何尋找平靜、減低心理負擔來幫助我們生活更充實，對於那些希望自己更能全心投入、更專注的讀者來說，貝利提供的建議絕對很有幫助。

——《讀者文摘》（*Reader's Digest*）

整本書充滿獨特見解。

——Apple Books

《愈平靜愈有生產力》是生產力書海中的一片綠洲；是消除生活中的混亂、避免以失去人生意義為代價無止境去追求更多的一劑良藥。在這本充滿啟發的書中，克里斯・貝利不僅說明為何追求平靜很重要，他還提供追求與保持平靜的具體步驟。閱讀這本書不僅能幫助你完成工作，同時促使你投入真正重要的事物。

——薩曼莎・博德曼（Samantha Boardman），《強韌心態》（*Everyday Vitality*）作者

《愈平靜愈有生產力》激勵我們達成難以想像的目標：在充滿壓力與焦慮的世界裡保持平靜。克里斯‧貝利讓我們理解為何平靜似乎很難達成，然後提供達成平靜的具體做法。這本書告訴我們，如何重新找回我們天生具備的調適力，讓內心獲得平靜，創造精彩人生。

——亨利‧艾蒙斯（Henry Emmons），《喜悅的化學機制》（*The Chemistry of Joy*）與《平靜的化學機制》（*The Chemistry of Calm*）作者

人們說克里斯‧貝利是你希望見到最有生產力的人之一；就我所知，他是最平靜的人之一。本書解釋這兩種說法如何適用在他身上，以及它們如何適用在你身上。

——凱特‧弗蘭德斯（Cait Flanders），《不消費的一年》（*The Year of Less*）與《選擇退出的冒險旅程》（*Adventures in Opting Out*）作者

為何我們
需要平靜

　　我原本沒有打算寫這本書。幾年前，我整個人陷入極度過勞的狀態，不久後我在大約一百人面前演講時突然焦慮症發作（我會在第 1 章分享這段故事），為了自身的心理健康需要，我一頭栽進與平靜主題相關的科學研究：我仔細研讀期刊文章，和研究人員閒聊，把自己當成實驗對象，測試新學到的想法，盡可能讓內心平靜下來。

　　我靠著撰寫生產力相關的文章維生，我也真的很享受其中。但是，在我陷入過勞、焦慮的那段期間，有時我會覺得煩躁，有時又覺得缺乏安全感。如果我在採取自己提出的提升生產力策略時，感到筋疲力盡又焦慮，那麼當初我有什麼權利提出那些建議？想必我是遺漏了什麼。

　　幸好，在仔細閱讀研究報告之後，我發現一個和之前一直告訴自己完全不同的想法。最初我只是為了自我保護，但是很快我就轉為好奇。我發現，人們對於被稱之為平靜的心理狀態，其實有非常多誤解，甚至可以說是完全誤解。我們確實有責任處理焦慮這種與平靜相反的心理狀態，但是許多導致焦慮的因素**被隱藏**，因此很難被辨識，更不要說駕馭它。

　　我大概不是唯一一個覺得自己比以前還要焦慮的人。我在 2022 年寫了這本書，過去這兩年我們所有人都承受無比沉重的壓力。如果焦慮也悄悄地纏上你，你要知道，你並不孤單，也不該為此懲罰自己。有些焦慮（或壓力）來源很容易被辨識，例如全球疫情、戰爭新聞，或是要求特別苛刻的工作。但是，還有更多來源並不是那麼理所當然或是顯而易見，包括我們將在這本書裡探討的許多焦慮來源，例如：我們被驅使著達成更多成就；我們生活的這個時代有太多**隱形**壓力來源被隱藏；我們經常沉溺於「超正常刺激」（superstimuli）*；我們在六大「過勞因素」的表現如何；我們個人的「刺激程度」（stimulation height）有多高；我們在數位與類比世界花費的時間有多大落差；甚至是包括我們吃了什麼、喝了什麼。這些焦慮來源都是我在尋求平靜的過程中，終將要面對的內心猛獸。

　　在本書中，我會逐一探討這些概念與更多東西。不過幸運的是，確實有許多實用的技巧、策略，可以幫助我們克服焦慮和過勞、重新找回平靜，其中有許多策略現在就立即可以派上用場。

●   ●   ●

　　在我親身實驗如何緩解壓力和過勞、並逐漸懂得如何找回

---

* 編注：指 supernormal stimulus。「超正常刺激」理論最初是諾貝爾生理醫學獎得主，動物行為學家丁柏根（Niko Tinbergen）與勞倫茲（Konrad Lorenz）所提出，意指會激發原始本能的人造模仿物，因為特徵鮮明、誇張，比自然事物更具吸引力。動物通常在人類設計的實驗中才會遭遇超正常刺激，但是哈佛醫學院演化心理學家黛笛兒・芭瑞特（Deirdre Barrett）發現超正常刺激對人類社會的影響，人們會為自己製造各種超正常刺激，已廣泛運用在商業行銷、藝術等各種領域。

平靜的過程中，我發現之前提出的提升生產力建議並沒有錯，這讓我大大地鬆了一口氣。但是，我確實遺漏提升生產力不可或缺的某個關鍵要素。

生產力建議確實能奏效。**好**的生產力建議（有許多建議根本就是廢話）能夠幫助我們掌控自己的時間、專注力和精力，騰出更多的心理空間和行程空檔，留給對我們而言真正有意義的事情，豐富我們的人生。好的生產力建議也有助於消除壓力，讓我們能夠掌控一切。我們每個人都是蠟燭多頭燒，所以這一點就顯得更加重要。

但是，我們也必須培養以下這個**能力**（capacity），那就是在生活和工作中學會用健康的方式提升生產力。當我們感到焦慮或過勞時，如果沒有意識到這點，我們的生產力就會在不知不覺中流失。

學習如何獲得平靜，是維持、甚至是提升生產能力的方法。

找回平靜、克服焦慮，就能更自在地做自己，讓內心安適。我們需要建立一座更巨大、更廣闊的能量庫，足以供應我們一整天所需，能夠讓我們的工作更有生產力，並過著美好日子。藉由找回更多平靜，我們投資在原先遺漏、也就是讓我們（不論在工作和生活上）得以長期**更有持續力**的那個部分。在我接觸到本書提及的各種想法之後，我認為之前我提出的生產力建議全部到位，必能發揮令人滿意的成效。

在我親身實驗如何找回平靜的過程中，我的生產力大幅提升，因為我不再像以前那樣焦慮、過勞。當我內心變得平靜、清晰，就能以相對放鬆的心情寫作，聯想到許多想法；以往我通常只能寫幾百個字，但我發現其實我可以寫到幾千個字。當我不再那麼焦慮，就會更有耐性。我會更仔細傾聽，更深入與**任何一位和我相處在一起的人**互動，更認真投入**我正在做的每件事情**。我的思考變得明快，想法明確，行動也更謹慎。我變得更有目的性，不再像以前那樣被動，我的內心再也不會因為外在世界的干擾而感到疲憊。我的每個行動背後都有特定目的，我的生活也更有意義。

事實上，平靜能大幅提升你的生產力。不論你當下面臨什麼樣的條件限制，例如有限的時間、預算或精力，你依舊可以找回內心的平靜。本書就是要告訴你，採取哪些策略可以幫助你達成目的。（我會在第8章說明，平靜可以幫助我們找回多少時間）。

這帶給我們令人振奮的結論：平靜可以為我們的心理健康帶來許多好處，**就算**沒有這些好處，仍是值得花時間消除焦慮。因為平靜可以讓我們更有生產力，將我們全力找尋平靜所花費的時間全部彌補回來。

・　　　・　　　・

在我進行個人實驗的期間，我開始依據類似本書大綱的架構，記錄自己研究平靜主題所累積的學習心得。其實一開始我並不想這樣做，因為我知道，我必須揭露這段個人旅程中更有挑戰性、更私密的部分。但是，焦慮和過勞的現象實在太普遍，我不能不談論這部分。我希望藉由分享個人經歷以及從中獲得的啟發，為你開闢通往平靜的康莊大道。

如今我們正經歷一段焦慮不安的時期。假使你沒有與世隔絕，那麼似乎你會有太多事情要擔心。我沒有要再重述那些原因（關於全球問題，我們已經聽了太多）。可以這麼說，在現代世界，要不焦慮實在太難。

內心平靜並不代表對現實視而不見。相反地，它可以提供我們需要的復原力、能量和耐力，讓我們在這持續變化的環境中順利生存下去。起初我把追求平靜看作是克服焦慮的一種手段，但後來我把它視為一種祕密配方，不論我做什麼事情，平靜都讓我能深深沉浸在當下。平靜讓我們更有生產力，所以我們不該因為在追求平靜而有罪惡感。

表面上看來，平靜與誘人的生產力訣竅正好相反。但是，它很像是麵包裡的酵母，或是你最愛的食譜裡的一小匙鹽巴，即使只有少許的平靜，依舊能改善我們的生活，幫助我們活在當下、感覺快樂。但是量愈多，效果就愈顯著，讓我們更能專注於所做的每件事，感覺更舒適自在。平靜提供根基，讓我們行動時能更投入、更有目的性。讓我們的生活更愉快，**也**為我們省下大量時間，還有什麼比這更好的呢？

　　當你讀完這本書，我希望你能和我達成相同的結論：在這令人焦慮不安的世界，找回平靜是最好的「生活解方」（life hack）。

第 1 章

平靜的
反面

　　我從來不覺得平靜是值得追求的事，幾年前才開始改觀。以往每當我感覺內心平靜，通常是碰巧有這種感受。例如：放下工作，在多明尼加的某座長椅上休息時；放假時，心愛的人陪在身邊；或是長假一開始，發現不需要煩惱任何計畫或義務工作。

　　除了這些意外開心的時刻之外，我從不刻意尋求平靜，不覺得它有足夠吸引力值得我去追求，更不認為有必要花太多心思在這件事情上，直到我人生有段時期完全無法感受到平靜。

　　不幸的是，我能準確記得是哪一天（和什麼時間點），我明顯意識到自己的生活徹底遠離平靜；那個認知瞬間浮上我腦海，就像一座鑄鐵浴缸瞬間砸在舊公寓地板上。

　　我在序言裡有提到，事情發生時，我人正站在講臺上。

　　焦慮是平靜的反面，每個人的症狀不盡相同。有些人一直處於焦慮狀態，有些人的焦慮只會久久出現一次，我則是一直隱約感到焦慮的存在。有幾年，隨著工作出差的壓力持續累積，這種焦慮感日益加深；就在演講當天，我站在講臺上，面對上百位觀眾，原本隱約存在的焦慮情緒突然間爆發，變成全面性恐慌發作。

　　在等待上臺演講前幾分鐘，我就感覺……有些不對勁。我的心跳比平常要快，彷彿隨時有可能倒下，我感覺有些暈眩。

　　但幸運的是，我聽到有人叫我的名字，猛然回過神來。

　　我踩上臺階，拿著簡報遙控器，開始全心投入演講。大約過了一、兩分鐘之後，我感覺好多了，原本的暈眩感也消失不見。然後，事情發生了！我整個心理和身體被某種不祥預感淹沒，突然墜入一陣慌張。

感覺像是有人將一管恐懼溶液注入我大腦。我說話變得結巴，每個字都說不清楚，很像嘴裡含了幾顆彈珠。我的背部開始滴汗、心跳加快，感覺就快要昏厥過去，演講前的暈眩感再度浮現。

我繼續演講，用自動導航模式勉強講完，我緊緊抓住講臺避免自己倒下。我向觀眾致歉，因為他們特地來聽我演講。我推說因為感冒嚴重，所以一直冒汗、說話結巴，我想他們大概接受了我的說法（真是謝天謝地）。我認為這番說詞引發觀眾的同情心，一路支撐我到演講結束。雖然有好幾次我想放棄、走下講臺，然後頭也不回地離開，但最終我完成了演講。觀眾反應冷淡。

我認為我戰勝了焦慮。

●　　　●　　　●

演講結束後，我立刻低下頭搭電梯上樓，回到自己的飯店房間，整個人倒在加大雙人床上。等到情緒稍微平穩一些，我腦海中開始重播當天的演講。但細節／過程已經記不太清楚，一連串事件變得模糊，全部混雜在一起，難以清楚分辨。我盡全力回想當時在臺上說話結巴的樣子，不禁拳頭緊握，覺得非常尷尬。

我重新回想前一天下榻飯店時的情景。

在經歷一整天奔波之後，我走進自己的房間，第一件事就是洗澡，這是出差期間我最愛的放鬆方式，接下來還有一長串行程等著我（當然必定少不了大量外送食物）。如果演講前一晚有餘暇，我多半會一邊泡澡，一邊聽著無聊的podcast節目，想到自己能準時抵達目的地，就覺得鬆了一口氣。

這次演講的前一晚，我坐在浴缸裡，水逐漸降溫，而我陷入沉思。我環顧著浴室四周，看到吹風機被放在洗手臺下方的置物架上，散發花香味的小瓶洗髮精和護髮乳整齊排成一排，最後目光落到浴缸前方、排水孔與水龍頭中間的圓形金屬溢流面板。

面板反射出我的臉孔，這張臉因為金屬面板的弧度而變得扭曲。如果你曾在使用手機App時，不小心點擊錯誤的螢幕、意外啟動自拍鏡頭，那麼你或許還記得當下看到自己臉有多驚嚇。當我看到金屬面板反射出我的臉時，就是那樣的反應。我看起來有些可憐、疲憊，而且最重要的是，我整個人看起來很虛脫。

我現在狀況很不好。我記得當時內心是這麼對自己說的。

在這次演講的前幾年，生產力一直是我最熱中投入的主題，也正是當天的演講主題。我的生涯以及人生很大部分都圍繞著這個主題打轉。即便我後來踏上尋求平靜的旅程、開始撰寫這本書，但是生產力依舊是我的熱情所在，它在我的人生占有一席之地。

　　但是在這一刻，我開始清楚知道一件事。儘管生產力這個興趣對我來說始終相當重要，我也做了非常多研究，但是我卻沒有為追求生產力這件事設定界限。我開始感到焦慮、過勞、筋疲力盡，就和其他承擔太多責任的人一樣，或許你也有過一、兩次這種感受。

　　在生活中，我的壓力愈來愈大，無處可逃。

　　我從這些演講前的胡思亂想中回神振作，緩緩起身，打包手提行李，脫下白色襯衫、穿上連帽運動衫、戴上耳機，或許是帶著些許憂傷的心情，走去火車站，準備長途跋涉返家。

　　在火車上，我有時間更仔細回想過去。

事情是怎麼發生的？

　　我開始剖析自己的狀況，但有件事卻難倒我了。我一直以為那樣的事件之所以會發生，好比在講臺上恐慌發作，是因為我沒有好好照顧自己。

　　但是，我一**直**有在照顧自己。事實上，我以為自己在這件事情上做得很好。

　　工作拚命的人要如何照顧自己？關於這個問題，市面上已

23

經有多到數不清的建議可供參考。直到那天我在講臺上恐慌發作之前，我一直有在照顧自己，包括每天冥想（通常每次30分鐘）；每年參加一、兩次靜默冥想靜修；一星期會運動幾次；請人按摩；偶爾和太太一起去做Spa；看書、聽podcast節目，甚至是在出差時會找時間泡澡，通常是在享受完美味的印度料理之後。在我熱中追求生產力的同時，也會盡力照顧好自己、取得平衡，主要目的是盡可能提高工作的效益和成果。

我以為這樣做就夠了，我甚至認為自己夠幸運，能全部做到。不是每個人都能這麼奢侈或是擁有這種特權，可以請一星期的長假參加冥想靜修與世隔絕；也不是每個人都有足夠預算，一個月按摩好幾次。我花了這麼多寶貴的時間和金錢照顧自己，卻沒料想到，原本輕微的焦慮；最後會演變成全面性焦慮發作。

我知道必須再深入探索，才能真正找到平靜。這是為什麼我踏上尋找平靜的旅程，最後完成這本書。

· · ·

每年年底，我多半會利用放假期間思考未來一年的人生，我會仔細思考在隔年年底前，我希望哪些成就已經達成（我故意使用未來過去式：因為我發現這是個既有趣又有幫助的方式，能夠讓我在心理快轉時間，想像我還沒有為自己創造的未來。）每年我都會設定三個與工作有關的目標，包括：想完成的專案、想拓展的事業部分，以及其他希望達成的里程碑。我也會在心裡快轉到來年末，想想年底時我的生活會是什麼樣貌，哪三件事我希望自己在那年之中已經完成。

今年非常特別，我設定的三大工作目標很容易就實現，因為這些專案早已開始啟動，包括：寫一本探討冥想與生產力的有聲書（有設定最後期限）；這一年我的演講內容一定要有趣且實用（行程都排好了）；成功製作並播出 podcast 節目（這年頭誰沒有 podcast 節目？）

雖然我按照往例設定三個遠大的個人目標，但是自從那天在糟糕的時機點恐慌發作之後，我將新年計畫縮減成一個：仔細思考如何好好照顧自己。

為了完成這個目標，我將思考重點放在以下這個簡單的問題：**我必須為自己做哪些事，才能感受到平靜，並長久保持平靜？**

平靜之旅導覽

旅程一開始，我只想要平復混亂的思緒。但是隨著計畫的進行，我沒有想到自己對於平靜、生產力以及其他相關概念的看法，會變得和以前很不一樣。我會在接下來的章節逐一分享我在這段過程中得到的啟發，其中包括：

- 平靜**與焦慮截然相反**。

- 諷刺的是，持續追求更多成就只會讓我們更**沒有**生產力，因為這會使得我們陷入慢性壓力、過勞與焦慮。

- 我們大多數人並不是導致自己過勞的主因，或者更準確地說，我們可以運用其他經過科學驗證的方法克服過勞。此外，我們可以透過許多方法解析過勞現象，幫助你更清楚瞭解自己的處境，例如：檢視自己如何應對六大「過勞因素」（burnout factors），留意自己的「過勞門檻」（burnout threshold）。

- 我們必須正面迎擊在現代世界保持／找回平靜常見的敵人：我們對多巴胺（dopamine）的渴望。多巴胺是大腦分泌的神經化學物質，會導致我們過度刺激自己。如果要讓自己更接近平靜狀態，就必須降低「刺激程度」，這取決於平時接觸到多少促進多巴胺分泌的刺激來源。

- 我們生活中有許多壓力來源被隱藏，但有趣的是我們可以透過「刺激戒斷」控制壓力來源，有時候這也被稱為「多巴胺戒斷」。當我們重新調整內心對刺激的容忍度之後，就更容易達成平靜、更少感到焦慮，也更不容易陷入過勞。

- 幾乎所有能夠幫助我們找回平靜的行為習慣，都存在同一個地方：類比世界。當我們在類比世界花愈多時間、在數位世界花愈少時間，內心就會愈平靜。在類比世界時最能夠放鬆，這符合古老大腦的天性。

- 我們可以**同時**追求平靜和生產力。當我們有目的、有意識地工作時，生產力會高得多；但是，當我們內心在焦慮中拉扯，因而分心，生產力就會大受影響。透過一些方法，你可以去計算追求平靜能讓你拿回多少時間。

在上述的啟發中，對我而言，最重要的心態轉變與最後一點有關，也就是我對生產力的看法。到後來我深信，在過度焦慮的世界如果要提升生產力，**最直接的方法就是找到平靜**。

自從我正式宣告開始這段旅程以來，我接觸到許多策略、想法以及心態轉變技巧，所有人都能用這些方法來找回生活中的平靜，即使是在最忙亂的時候。

接下來我要開始和你們分享我得到的啟發。首先，我會探討現代人焦慮的兩大主要來源：「貪多心態」（mindset of more），以及容易成為「超正常刺激」的受害者（人們天性就喜歡享受經過精密加工處理、被過度誇大的事物）。我將探討這兩大因素如何導致我們的生活被神經化學物質多巴胺主宰，因而承受過多慢性壓力。我也會分享自己在這段旅程發生的事，以及我一路遇見有趣的研究者們的想法，希望對你們有幫助；當然，我還會提供一些實用建議，協助你們應對這些衝動。

找出讓我們遠離平靜的因素之後，我們要更深入探索如何讓生活保持平靜，討論主題包括：壓力如何運作、常見的焦慮

「緊急出口」、為什麼我們不應該為追求平靜感到罪惡？以及其他有助於克服焦慮的具體策略。我也會分享自己生活中的實驗心得，例如：分辨我會在什麼時候、在哪些地方關注生產力問題；我實行一個月的多巴胺斷食計畫，盡可能用最極端的方法減少心理刺激；以及重設我的咖啡因耐受度。

· · ·

接下來就從我最熟悉、最重視的主題開始這段平靜之旅。我必須和這個主題重新建立更健康的關係，才能真正找到平靜。或許你已經猜到，這個主題就是生產力。

不論我們是否有意識到，我們生存的世界迫使我們必須好好思考自己達成多少成就。根據我第一手觀察，希望提升生產力、達成更多成就的那股驅動力，會促使我們相信許多關於我們個人的描述（不論真假），我們也因此承受過多的慢性壓力。

準備好了，我們就直闖核心，探索我所謂的「成就思維」（accomplishment mindset）吧。

第 2 章

追求成就
的焦慮

打造身分

要分享我追求平靜的心得，就不能不先討論「成就」（accomplishment）這件事，以及我們如何依據自身成就建立自己的身分認同（identity）。我們的身分認同很大一部分來自於我們所相信的關於自己的描述，以及其他人所描述的我們是誰。

如果可以回放你的人生錄影帶，快速倒轉經歷過的慶祝活動、勝利和挑戰，回到還沒有建立自我身分認同的時刻。那時候你只是個孩子，正要開始認識這個世界，你就像個小雕像，驚嘆地看著雪花水晶球內部。你還會蒐集關於自己的證據，包括周遭世界的描述，與你相信自己是誰……

你睜大眼睛、好奇地趴在濕漉漉的草地上，可能正在用食指戳著青蛙，隱約聽到嘰嘰喳喳的背景音，阿姨正和你爸爸或媽媽聊到你是個好奇寶寶，這些話並不是要說給你聽的。這時候你腦袋開始編織故事：

我很有好奇心嗎？嗯，我想是吧。這代表什麼意思？

接著快轉到中學時期第一年的物理課。你一直不懂物理，但是因為某些原因，你的老師……找到了很不錯的方法，能夠清楚解釋這世界各種要素如何相互影響。

我應該有科學頭腦吧？我是說，我的邏輯一向很好。這代表我是什麼樣的人呢？

再按下快轉鍵，轉到你開始第二份工作的那一週，然後按下播放鍵。開會時，你的新老闆隨口評論說，你上班第一週的表現讓人很放心，你似乎有某種神奇能力，總能搞定手邊所有工作，到目前為止他依舊是你最欣賞的老闆。

　　我當然很可靠，這是我個人特質的一部分。我想我的生產力很高。

隨著時間推移，記憶會持續累積，說明我們變成什麼樣的人，以及最終我們相信自己是什麼樣的人。

・　　・　　・

在我的故事裡，我會描述自己充滿好奇心、邏輯好、有生產力。直到後來我開始實行為期一年的生產力計畫，盡可能研究並實驗不同的生產力建議。計畫開始的時候我剛從大學畢業，回絕兩份高薪的全職工作機會，得在一整年完全沒有收入的情況下，盡可能深入研究生產力主題。（在加拿大，我們可以暫時延遲償還學生貸款，所以我可以更順利地執行這項計畫。）你可以想像，我這麼努力執行這項計畫，必定會更進一步強化我所相信的、對於我自己的描述。

因為這項計畫而被強化的一些描述是真的，例如我對生產力的科學確實充滿好奇。雖然這個興趣聽起來有些古怪，但直到現在都真的是這樣，甚至比以前還更有興趣。

然而，我也開始建構其他描述，例如：我是個有超乎常人生產力的人。這個身分認同的基礎就不夠穩定，而且不幸的是，當我愈去嘗試更多想法和策略，就能為這個特定的個人故事找到愈多證據，使我更安於這個身分認同。

當然，這些個人故事的來源不只有我一個人。例如，我在一星期之內看完 70 小時的 TED 演講影片（為了實驗「資訊保存」〔information retention〕），後來 TED Talks 主辦單位寫說，我「可能是你們期待見到的最有生產力的人」。當時，我感覺真是他媽的太棒了。雖然我明白這句話有些浮誇，但每次接受採訪和演講前，總會聽到有人引用那句話描述我，無疑地會影響我對自己的描述（更會影響我的自我）。隨著時間經過，我聽到愈多這樣的讚美，就如火上加油般，進步強化這個發現的身分認同。

我對於生產力議題已經非常熟悉，也經常認為我已經學會甚至是開發某些策略，運用聰明的方法處理自己的工作。可能你會**預期**，既然我花了那麼多時間在這個主題上進行研究、思考和實驗，自然知道該怎麼做。就好比說木工應該要知道如何製作家具，老師應該要知道如何教學，研究生產力的人應該要知道如何在別人只能完成一小部分工作的時間內完成大量工作。

我盲目地接受這樣的描述：我很有生產力，永遠**停不下來**。我和其他人一樣，完全忽略一項重要事實：到了某個臨界點，我對自己的要求會超出合理界限。關於生產力議題，我知道得很多，但還有很多我不知道。重點是，我對於該如何將生產力融入整體的人生藍圖，沒有適切的想法。

或許，只是或許，我實際承受的壓力比自己以為的還要多，不眠不休地工作，我早已身心俱疲，只是不願承認。我可能把自己困在某個故事裡；事實上，我根本不可能讓這個故事成真，到頭來只會讓我變得焦慮、過勞。

在理想情況下，如果要建立身分認同，我們會先挑選出長期而言相對穩定的個人特質，然後再依據最看重的幾項特質，形塑我們的身分認同。但是，我們多半沒有遵循上述標準決定自己人生的所有面向，包括挑選賴以維生的工作。當然，如果我們的工作（或其他事物）成為我們身分認同的一部分，那麼一旦失去它們，就會感覺好像失去某部分的自己。我就曾經犯下這樣的錯誤：在我心中，我的工作不再只是我從事的某個職務，它已經成為我個人的一部分，定義了我是誰。讀者寄來的每一封讚美信件、各家新聞媒體的推薦吹捧和友善評論，一個又一個的證明這套個人描述，這等於是再多將一桶混凝土灌進地基，更穩固支撐著我為自己新打造超高生產力的身分認同。

　　過勞、在講臺上焦慮發作，或是其他情況沒那麼嚴重的時刻，例如我記得看到自己在浴缸金屬面板上的反射影像等等，這些經歷導致真實的自我與我相信的自我形象之間出現了落差，這個事實赤裸裸地提醒我，構成我身分認同的大部分證據並不是真的。

　　如果我告訴你說，事情發生之後，我在返家的火車上恍然明白一切，我就是在誇大事實。不過在那段旅程中，我的確想通了一件事：以前我一心一意追求生產力，但現在地基已經開始變得不穩。想必是遺漏某個環節。

心態的形成

　　為了幫助你開始閱讀這本書，不妨想一想以下這個看似簡單的問題：你要如何確定某一天的生活確實過得很好？

　　用自己喜歡的方式，花一、兩分鐘時間誠實思考這個問題。你可以把心裡想到的任何事情寫下來，然後暫停一下，花一、兩分鐘反思，或者和你的配偶或伴侶聊一聊（我比較喜歡這個方法）。如果你和我一樣，你或許會覺得這個問題很有趣，應該好好思索一番。

　　（我會在這裡等到你想清楚。）

•　　•　　•

如果你思考過這個問題，或許會發現，要衡量一天的生活是否過得好，方法有很多種，主要取決於你回答這個問題時看重哪些價值觀。我聽過非常多不同答案（括號內代表相對應的深層價值觀），其中包括：

- 你能夠幫助其他人到什麼程度？不論是透過你個人或是你的工作。（服務）
- 你的待辦事項清單上有多少工作任務已經完成？（生產力）
- 你能否能好好品味自己的生活？（享受）
- 你賺多少錢？（財務成就）
- 你有多投入你的工作或生活？（專注當下）
- 你和他人共度多少深刻且真心的時刻？（連結）
- 這一天是否讓你覺得開心？（快樂）

以上只是一些例子。除了你的個人價值觀，生活中的其他要素也會影響你如何衡量自己的生活，例如：你在什麼樣的文化背景下生活與工作、你正處於哪個人生階段、你的成長環境，以及你所獲得的機會。如果父母是投資銀行家，他們的小孩衡量生活好壞的方式，必定會與靠著開福斯貨車維生、放牛吃草的父母大不相同。

應該這麼說，這個問題沒有標準答案。多數人不會在一天結束之際，退後一步評估所有事情進展得如何（不是所有人都有寫日記或冥想的習慣），不過某種程度上，我們多半會下意識地想想這一天過得好不好。只要你對自己運用時間的方式感到滿意，而且按照自己的價值觀過生活，就會覺得日子過得很順心；不論對其他人而言，這些日子是否看起來充滿殘酷競爭或像是特立獨行的嬉皮冒險。如果一天結束時你感到很滿意，那就足夠了，這是你的時間，你可以依照自己真正希望的方式運用。

然而，雖然我們可以用各種不同的方式衡量自己如何運用時間，每個人的價值觀和環境也大不相同，但是我們多數人似乎是根據自己能完成多少事，或是有多少生產力，來衡量這一天是否過得很好。

這種情況在工作場所中更是常見。但是如果你和我一樣，你很可能也會把這種態度帶回家。

成就思維

如果你再度倒轉自己的人生，你終於如願看到更年輕的自己，那時候你很少會去想自己的生產力有多高，或是一整天能完成多少事。你很少花時間描述自己的故事，不太會去想別人對你有什麼期望，也較少思考對自己的期望是什麼。

如果你和我很像，隨心所欲，只為了做某事而做某事，那麼年輕時候的你必定生活得更自在。也許你會製作時空膠囊，騎腳踏車去新的地方，進廚房調製調味料，隨意將麵粉、番茄醬、還有你在櫥櫃裡能找到的其他佐料隨機混在一起，做起來很有趣，雖然味道很可怕。

或許曾經有某些時候，你的心靈自由到覺得有些無聊，這時候你會絞盡腦汁找更新奇的方式消磨時間。你可能會用客廳的椅子、沙發以及毛毯搭起一座帳篷，或是將所有水果貼紙貼到廚房櫥櫃的底部。（你最後一次覺得無聊是什麼時候？）

當你年輕時，你很少會想到要去衡量自己的生活過得如何。當然，隨著我們的人生持續往前推進，累積愈多實質的責任，情況自然會有些改變。我們被教導以成就為基準，衡量我們是否有好好運用時間，甚至很多時候衡量我們的價值。*身為成年人，身上背著責任，就離偶然的冒險更遠了。

即使是小孩，也可能很快養成這種心態。開始上學等於是進入了某個必須和其他人競爭以達成目標的體制：我們的成績愈好，就會在學校體制裡愈成功，我們的人生也會更成功。一旦取得好成績，我們就能成為火箭科學家、腦部外科醫師，或是野心勃勃的企業家，搭著灣流私人飛機四處飛行。我們工作時愈專注，就變得更有策略、更有動力，達成愈多成就。接著

---

* 或許這很值得提醒，除了你有能力達成的成就之外，你的人生值得擁有更多東西。

我們進入勞動市場，整天埋頭苦幹，希望盡快達成以下目標：
更高的薪水、績效獎金、在組織內升上更高階的職務。不論我
們達成多大成就，我們依舊會一直渴求更多。這就是成就思維
的本質：一旦我們開始追求更多成功，就更不想停下來。

　　當我們長大、承擔更多責任之後，我們要如何運用每一分
鐘，就會有更多選擇，但不是所有選項都一樣重要。我們要不
斷問自己，是否有其他比我們現在做的事情更重要的選擇，這
就是經濟學家所謂時間的「機會成本」；這讓我們容易有罪惡
感、質疑自己是否沒有將有限而寶貴的時間運用在最重要的
事。責任讓我們仔細考量該如何運用時間，因為那會增加機會
成本。如果去冒險的念頭在我們腦中閃過，下一秒我們可能會
馬上會想到哪些更重要的工作需要完成，衣服需要摺、狗需要
遛、電子郵件也需要回覆。

　　現實生活會阻撓我們。

　　即使你一開始對責任與機會成本的關注只限於工作，還是
有可能到某個臨界點後，努力不懈關注生產力的思維滲透進你
的個人生活。提升生產力變成不只是沒有足夠時間完成大量工
作時必須採取的一套做法；你會一直想著如何在每一分鐘內完
成最多工作，即便是想要放鬆的時候。

　　我將這種心態稱之為成就思維。成就思維指的是促使我們
不斷追求更多成就的特定態度和信仰。這種思維會導致我們一
直想要做點事情，填滿我們的時間，如果我們沒有採取「最佳」

方法運用我們的時間，就會有罪惡感。當我們外出和朋友喝杯拿鐵時，會有一股力量告訴你，現在我們應該要早點回家做晚餐；當我們在公園悠閒散步時，會有一個聲音告訴我們，要趕緊完成好幾集的 podcast 節目。最重要的是，這種思維會讓我們不斷思考時間的機會成本，以及要如何運用有限時間達成更多成就。

　　多數人不會無時無刻以成就思維衡量自己的時間和意圖。但隨著人生和職涯持續前進，我們似乎愈來愈常衡量自己在幾小時、幾天、幾星期、幾年內達成什麼成就。我們告訴自己，退休後就會捨棄這種思維，現在我們只是盡責任而已。

　　放鬆或是細細品味成就果實可以等到以後再做。成為「成就人士」已經成為我們身分認同的一部分。當工作成就列表與自我身分認同結合，我們就會將「成功」視為自己的一部分。

　　安妮・迪勒（Annie Dillard）在她的著作《寫作生涯》（*The Writing Life*）[1] 中提到，我們如何運用每一天，反映出如何過我們的人生。我將她的概念進一步延伸：如何**衡量**我們的每一天也是如此。如何衡量我們的日子，反映出我們如何衡量人生。如果以能達成多少成就來衡量每一天，而且沒有警覺，那麼我們也會用同樣的方式衡量自己的人生。

・　　・　　・

　　學業和工作會促使我們太過在乎生產力和成就，但是它們顯然有個重要目的。學業和工作建立我們所認識的現代世界。

　　在現代世界，我們的生活確實比以前要好很多，這樣說一點也不誇張。如果你找一位200年前的農場工人，帶他去一間還不錯的雜貨店，他可能一時搞不清楚的商品有多豐富。超市在現代生活中完全**稱不上**什麼奢華設施。當這個可憐的人平復情緒之後（可能需要花點時間），你就可以慢慢從口袋裡拿出手機，向他展示這個裝置如何讓你在任何時候、以不到一秒鐘的時間和地球上某個人聯繫。

　　過去200年由於經濟發展，美國人的平均年收入從一個人2,000美元提高到5萬美元，而且這是經過通膨調整後的數字。[2]我們比以前富裕**25倍**，而且許多商品的價格也明顯下跌，很大一部分原因是科技進步。80年前你如果要買一臺電視機，得花1,000美元，現在你可以用相同價格買到更大尺寸、解析度更高的電視機，而且甚至是彩色的！

　　正如同你所希望的，不只有居住在富裕國家的我們享受經濟成長的好處。過去20年，全球生活在赤貧（extreme poverty）狀態的人數減少超過一**半**。20年前，全球有29％的人口生活在赤貧狀態下，現在僅有9％。[3]這些經濟指標具有重大意義。正如同知名的研究員漢斯‧羅斯林（Hans Rosling）在《真確》（*Factfulness*）這本書中所說的：「影響人們生活模式的最主要原因，不是他們的宗教、文化，或所居住的國家，而是他們的收入。」[4]

基於上述原因，我不打算找任何理由反對經濟成長，我假定所有人都能公平享受經濟成長的好處（這是強烈的假設），而且經濟成長的確讓我們的生活變得更好。

但是這個現代世界也帶來代價，那就是焦慮。我們生活和工作所在的體制促使我們採取這種思維、背負沉重壓力，導致我們陷入焦慮。不論是在學校或是工作場合，我們被鼓勵要不斷提高生產力、追求更多成就。歷經漫長歲月，我們比以前更有生產力，也似乎更「成功」。

現代社會非常看重傳統衡量成功的標準，例如金錢、地位和認可，卻忽略其他無法量化的指標，例如：我們有多快樂？我們的人際關係有多深厚和充實？我們是否為其他人的人生帶來改變？我們比以前更有生產力，所以能達成更多成就，因為我們累積足夠多有生產力的日子，所以能過著「有成就」的生活。當我們在獎勵生產力的體制裡花上愈多時間，就會愈相信生產力和成就是最重要的兩件事。

最終，這成為衡量我們是否有好好運用時間的預設方式。

生產力建議的魅力

在這一章，我主要將重點放在追求生產力的代價，也就是犧牲自己的幸福感（well-being）；不過追求生產力也能帶來許多好處，特別是當你在追求生產力時有設定界限的時候。

當你想到「生產力」這個字，腦中浮現的是冰冷、企業、效率等意象，不只有你一個人這麼想。但是別擔心，有更友善的方法面對生產力，而且生產力建議並不會讓你變成沉迷於追求成就的機器人。

我認為生產力就是完成要著手處理的工作，不論那是清空信箱裡所有電子郵件，或是決定要錄取哪位應徵者加入工作團隊，或是躺在長椅上放空、喝上兩杯鳳梨可樂達調酒（一手一杯）。在我心中，當我們開始要做某件事，然後處理完成，就代表我們很有生產力。或者換另一種說法，所謂有生產力，不是指追求更多成就，而是關乎你的意圖。這個定義適用於任何情境，不論我們正希望在生活的哪個領域提高生產力。

但是，雖然有這個（希望是更人性化的）定義，生產力和成就仍是密不可分，即使我們只是想「達成」一整天放鬆的目的。現在我要把這個比較友善的定義暫時放一邊，因為值得用傳統上更被大家接受的定義來衡量「追求成就」這件事：逐步朝向我們的目標和成就前進（以傳統衡量標準而言，這代表更成功）。

提高生產力的技巧沒有好壞之分。我們可能為了某些難以置信的目的，採取一種能夠讓我們達成更多成就的方法、習慣和策略。以下是我的親身經歷：生產力是我在這世上非常熱中的主題，我全心投入研究、累積大量引以為傲的成果，若非如此，我可能不會擁有現在的成就。但是，專注於生產力同時讓我過勞、陷入焦慮。

在討論生產力時，有個概念是追求更多成就，有可能同時帶來成功和傷害，不過很少人會提到。

所以，我們現在就來談談這個問題吧。

生產力建議的魅力讓人難以抗拒是有原因的。不論是在工作場合或是在家裡，我們每天都必須完成許多工作。我們過著充實的生活，承擔許多責任。某天，我們的工作量大到需要10小時才能完成（卻只有8小時可用），我們得在家遠距工作，同時要分心照顧另一個房間裡生病的孩子，另外還得抽出時間，繳交塞滿信箱的過期帳單。另有一天，或許是週末，我們必須趕忙做家務，為整個大家庭煮晚餐，同時又期望能擠出足夠時間、讓自己好好放鬆。

如果你面臨上述處境，生產力建議會非常有效。真正有效的生產力建議，好處會比採用它付出的成本過大：能拿回投入的時間，**甚至是更多**。如果我們花費更少時間完成該做的事情，就能空出更多時間去做真正有意義的事情，比如與他人交流、從事個人嗜好以及更深層次的工作。

舉個簡單例子，將你一整天需要完成的工作排定優先順序。每天一開始，先花幾分鐘時間確定你希望這一天達成哪些成就，決定哪些工作最有價值，然後想一想，把時間花在哪些工作最有成效、哪些最沒成效。只要花幾分鐘時間規畫，之後執行時就可以**省下好幾個小時**，尤其是如果這麼做能讓你一整天集中精神完成最重要的工作；或是不再需要處理某個交給其他團隊成員會更好的專案。

不妨想像一下，你贏得千載難逢的大獎，某個頂級居家清潔服務團隊將提供你一名全職終身管家。（這個人名叫金斯利）。他會幫你和家人打掃、煮飯、管理你的行程（他稱之為你的「日誌」）、開車載你到市區各個地方，好讓你每天可以空出更多自由時間。最棒的是，金斯利的高額薪資已經付清，直到他退休為止，總計50年，你甚至不用給小費（已包含在薪資內）。對我們所有人來說，這一切只能想像，不過只要你採取最好的生產力技巧和策略，也能得到這些好處。這些技巧和策略就和金斯利一樣，能夠提供我們可支配的最寶貴資源，那就是時間。

這就是生產力建議給我們的許諾最有魅力之處。當你拓展完成事情的能力，就能在你所做的每一件事情上分配更多時間、專注力和精力。你甚至有可能變得更成功。

但是生產力建議和管家不同，附帶有一項限制條件：**如果我們適時停止努力**，那會很有幫助。生產力建議確實很有效，但是必須設定界限。

如果沒有設定界限，一味追求成就，只會降低生產力，因為那會使我們遠離平靜。

平靜的反面

就在我恐慌發作後幾個月，我終於放慢工作步調，開始分析是什麼原因讓我如此焦慮、過勞。我會在下一章探討過勞相關的科學研究，但首先我們要剖析**平靜**的意義，因為我們最終的目的是得到平靜。

很快我就發現，研究人員並沒有將平靜視為獨立的主題進行研究。我們多數人都知道平靜是什麼**感覺**，字典也有列出這個字的定義，就正好位在「老繭」（callus）和「甘汞」（calomel）這兩個單字之間，下方的說明文字寫著：「安靜或平和的狀態或情況」，「沒有倉促的動作、焦慮或嘈雜聲」。[5]但是關於平靜這個字，至今仍缺乏所有人一致認同的臨床定義。甚至很少有人提出建議。平靜並不是一門拿來研究的心理學分支，也沒有設計來精準評估一個人平靜程度的有效可靠儀器。（我花了好幾個小時使用不同的學術搜尋引擎，很高興終於發現「溫哥華互動與平靜量表」〔Vancouver Interaction and Calmness Scale〕，但是在這個量表中，「平靜」指的是在加護病房使用呼吸器的病人的鎮靜程度，包括他們是否會拔掉導管。）[6]

先不說日常生活的平靜狀態有多難描述，甚至在研究領域也一樣難描述。

雖然官方的臨床定義至今仍付之闕如，但慶幸的是有一種方法可以避開這個問題，又不影響研究結果：藉由研究焦慮，可以達到我們的目的。雖然針對平靜的研究少之又少，但是目前已知的研究都是根據以下的概念：平靜**與焦慮截然相反**，這概念似乎有些難以理解。但總之，我們可以透過研究平靜的反面，找到屬於我們個人對平靜的定義。

當我們焦慮時，內心會覺得紛亂；我們反覆思量，擔心會發生什麼事。研究顯示，焦慮時我們可能會同時感到緊張不安、瀕臨情緒崩潰，而且沒辦法不讓自己焦慮。其他焦慮的症狀包括：很難放鬆，感覺坐立難安、煩惱或是暴躁，而且時常覺得害怕，好像隨時都有可能發生可怕的事情。我認為我的焦慮是漸漸沒有耐心，陷入焦慮的時刻，就好像海浪相互衝撞一樣。

平靜的狀態正好與上述的混亂情形相反。我們很幸運，有不少研究提供許多洞見，讓我們知道兩者的狀態有哪些不同。很重要的是，焦慮是一種**不愉快**的情緒，特徵是我們的心理會處於**高度激發狀態**（mental arousal）；平靜則是屬於**愉快**的情緒，特徵是我們的心理會處於**低度激發狀態**。[7]

研究也證實，平靜和焦慮就像是光譜一樣，只是程度差異而已。美國心理學會（American Psychological Association）出版的知名期刊《性格與社會心理學期刊》（*Journal of Personality and Social Psychology*）最近刊登一篇研究，證明焦慮並非我們以為的「從零到強烈」，相反地我們應該把焦慮想成是類似**連續的光譜**，「從高度平靜到高度焦慮」。[8]

圖 1　平靜光譜

高度平靜　　　　　　　　　　　　　　高度焦慮

　　換句話說，不只平靜與焦慮截然相反，焦慮也與平靜截然相反。不只克服焦慮能讓我們更趨近平靜，如果我們的生活維持高度平靜，就不太容易再次陷入焦慮。平靜能促使我們更有能力調適自己，避免在未來陷入焦慮情緒。

　　綜合所有研究發現，我們可以將平靜定義為**主觀感受正向樂觀的狀態，特徵是低度激發，沒有出現焦慮情緒**。當我們從光譜上的高度焦慮移動到高度平靜，滿足感會愈來愈強烈，因為內心感到放鬆、安詳。到最後，我們的思緒不再陷入混亂、內心得到安定，感受到平靜。在這種狀態下，當我們面對生活中發生的事件，比較不會產生情緒化反應。[9]

　　應該這麼說，我們每次經歷焦慮和平靜，感受不一定完全相同。我們的主觀狀態會不斷變化。正因為如此（假設你沒有焦慮症，我會在第 48 頁的 Box 中提出簡短說明），我們不應該將焦慮與平靜視為我們擁有的**特質**，而應該將它視為我們經歷的**狀態**，主要取決於幾個因素，例如：我們的生活發生哪些事，或是在特定時間點我們承受多少壓力。焦慮是承受壓力時的正常反應，特別是當我們認為有威脅時。如果你感到焦慮，這不是你的錯。

　　某些你覺得很平靜的日子裡，也會摻雜一、兩個焦慮時刻，例如機場接駁巴士晚了半小時。相反的，某些很焦慮的日子，也可能遇見某些讓人振奮的平靜時刻，好比走進自家大門、蹲下來擁抱朝我們奔來的孩子，工作上的壓力頓時一掃而空。

　　這條追求平靜的路（不僅要消除焦慮，更包括讓自己能接近平靜光譜的**另一端**的策略）能讓我們消除壓力、克服過勞、避免分心，同時也能讓我們更投入、更活在當下、更有生產力。

　　在我們更深入探討焦慮之前，我應該先戴上我的法律帽（就和平常的帽子一樣，但按時計費）提醒讀者，這本書提供的建議不應被視為、也不得用來替代受過訓練的醫療專業人員提供的建議。如果你感到某種程度的焦慮，已經影響到你的日常生活，或是內心感到生活不快樂，務必要諮詢醫生意見。如果你想知道自己是否有焦慮症（也有人稱之為**特質**焦慮，與**狀態**焦慮不同），但是你**不想**對專業人員說，我很推薦你搜尋廣泛性焦慮評估量表（Generalized Anxiety Disorder 7）。這份免費的測試量表在網路上就可以找到，主要是用來評估一個人是否有廣泛性焦慮症。整份量表只有 7 個簡短的問題，你只需要花一、兩分鐘回答，問題包括你多常會出現焦慮症狀等，我在前幾段提到的那些症狀，便是直接引用這份量表。重點是，如果有需要，一定要對外求助，即使你只是懷疑自己可能有需要。我寫這本書的目的是想幫助患有低度亞臨床焦慮症（subclinical anxiety）的人，我們許多人都有過類似經歷，特別是生活在沉迷於成就的現代社會。

生產力光譜

我們已經定義什麼是平靜，現在就回到生產力和成就的主題。和平靜與焦慮一樣，當我們談到自己有多重視以及如何思考生產力和成就時，同樣是落在光譜的某個位置，只是程度差異不同而已。

從沒想過生產力問題，或是自己的時間要用來要達成哪些成就的人，位在光譜某個極端。這樣很不好。沉迷於追求生產力的確會對我們的心理健康帶來負面影響，但是我們還是需要設定某些目標並努力達成。或許我們應該要賺取足夠收入，讓自己過著舒適的生活、幫助身邊的人，盡可能消除未來後悔的可能性（在我看來，盡可能減少後悔是擁有美好生活最重要的因素）。從沒有想過要如何運用時間、達成哪些成就的人，很少會採取行動改善自己的生活，或是遵循自己的價值觀過生活。我們至少要花**一些**時間，努力達成我們的目標。此外，我們的內心會希望整天一直有事情要做。（生活中有事可忙幾乎比其他因素更讓我們覺得快樂，我們稍後再深入討論。）

至於位在光譜另一端的人，則會不斷被成就思維驅使，認為成就和生產力至上，擁有美好生活需要的其他因素全都比不上，例如快樂、與人連結和平靜。對這種人來說，生產力基本上已經成為一種信仰，他們在工作場合、在生活各個領域都不斷追求更高的生產力、更多成就。當我將生產力和成就與打造我身分認同的故事相互結合，我就會愈來愈接近光譜這一端。如果你的成功故事已經與你的身分認同結合，或者你發現即使很想放鬆時也很難擺脫成就思維，或許你正往光譜這一端靠近。

圖 2　成就思維光譜

設定有限目標　　　　　　　　　　　　　沉迷於追求成就

當我們大多數行為由成就所驅使，我們就冒著沒有時間充電、無法放慢腳步或是細細品味成就的果實的風險。但諷刺的是，長遠來看這才能讓我們更有動力與生產力。我們至少要花點時間補充燃料，否則就有過勞的危險。

好好思考自己落在光譜的哪個位置，特別是如果你最看重的是生產力和成就。因為成就思維與平靜有關，所以如果你過度追求成就，這種思維就會成為雙面刃：讓我們不僅感受不到愉悅，還背負更多壓力。

以下我們分別探討這兩種後果。

感受不到愉悅

在我開始追求平靜之後，很快就發現，成就思維讓我每天的生活減少許多愉悅。原因很簡單：當我抱持成就思維，生活中的一切都變成待辦工作清單中的項目。俗話說得好：如果你手上只有槌子，所有問題看起來都像是釘子*。在這裡也是同樣的道理：如果透過成就思維看待自己所做的一切，那麼生活中所有事情都變成必須完成的工作。在這種情況下，成就思維讓你在高生產力時段與罪惡感（當你生產力低落時）之間輪替，減少你每天的愉悅感。†

---

* 譯注：這句話出自美國心理學家馬斯洛（Abraham Maslow），原文為 If all you have is a hammer, everything looks like a nail.

† 並不是說我們不應該高度重視我們的時間，或是不應該考量我們時間的機會成本，確認我們真的把時間花在有價值的事情上。如果我們想要擁有美好的生活，時間就是我們擁有最有限的資源。我們必須非常重視它。事實上，我們要很重視它，而不只是想著花時間完成該做的事情。

　　這是我親身經歷得到的啟發。我一直沒有辦法好好品嘗美食，總是邊吃東西、邊聽podcast節目或是觀看YouTube影片，我想要一心二用，盡可能在那段時間做更多事情，試圖消除休息時產生的罪惡感（我會在第8章深入探討這個主題）。我不斷執著地寧可選擇忙碌，也不願真心享受生活。當我在一天結束時和朋友聊天，仍舊無法擺脫成就思維的桎梏，總想著隔天回去上班時需要完成哪些工作。我太過擔心自己是否有生產力，悲哀的是，即使是投入我這生命中最享受的活動，例如和我太太相處、吃飯或是其他美妙的體驗，全都變成待辦事項。甚至度假也變成了我必須完成的工作，而不是享受。

　　生產力成為我追求的終極目標。可想而知，生產力本身作為最終目標是很糟糕的：我們應該將生產力視為**達成另一個更重要目標的手段**，例如擁有更多自由時間、財務自由，或是擁有更多空間與其他人建立實質連結。*

　　我和其他許多人一樣，日常生活塞滿行程，幾乎沒有耍廢或自由時間。至少，這是我說服自己相信的說詞。但事實證明我的確有時間，只是我沒有把時間花在能讓我真心投入或是讓

---

*　與此相關的，成就思維造成的第二個代價是，讓我們的個人主義膨脹，不會顧及其他人。這種思維讓我們只想到自己：只會考慮**自己**有多高的生產力，不會去想可以提供其他人多少幫助、整個團隊可以有多高的生產力，或可以和自己愛的人創造什麼樣的生活。我持續在學習的教訓是：我內心擁有幾近無限大的空間，歡迎其他人進入。

我得到平靜的活動。每當我達成某個生產力里程碑，成就思維就會再次主宰一切，然後我會把注意力放在下一個必須完成的工作事項，我從不會真心感謝自己完成了上一份工作。

當我們工作時，人在公司的時間，抱持成就思維確實是一件好事。工作是我們投入時間換取金錢收入的方法。我們依據一段時間內的生產力賺取收入，假設這個交換是公平的。生產力帶給我們微小的成就，最終會累積成更重大的成就。但是如果我們不夠謹慎，那麼促使我們在工作上達成更多成就的思維，會導致我們在**不需要**投入時間交換金錢時，也無法真心享受生活中最美好的部分。取而代之的是，不停在工作清單上打勾，花更少時間好好享受那些成就的果實，例如假期、雙層房屋、與家人高品質相處的時光；這些反而是我們最初如此努力工作想要追求的東西。

如果你和我一樣忽略這一點，那麼你可能會發現，**所有事情都變成了工作**，變成一件件你必須完成、實際產生結果的事項。記錄著待辦事項清單的行事曆，變成塞滿**必須**去做的事、而不是**想**去做的事。

壓榨自己成為更有生產力的人出奇容易。畢竟，若沒有先發現自己哪些方面不如其他人，就不會想要改善自己的生活。這會讓自我提升就變成陷阱，尤其是將成就思維運用到最極端的時候。[*]

但願你的情況和我不同，還沒有走到生產力光譜的極端。

無論如何，重點還是一樣：如果沒有設定界限，成就思維會使我們的愉悅感減少，特別是在該放鬆的時候。

如果我們一直追求更多成就，就無法真心享受自己身處的環境、正在做的事情，或是最重要的，我們與誰一起做這些事。

虛幻的高生產力假像

成就思維的第二個代價我之前約略有提到：它會讓我們陷入不必要的忙碌，尤其是忙著處理不重要的小事，因為它會促使我們填滿生活中的所有空檔。負責評估的心智，認為我們正要努力完成原本希望達成的成就，但實際上我們只是在不同App之間來回切換、瀏覽社群媒體最新動態，或是衝動地閱讀新聞。比起真正的休息和充電，我們隨意滑手機更不會有罪惡感，可是這麼做會消耗我們的精力並帶來壓力。

有些忙碌顯然只是生活的一部分，當我們累積更多有意義的責任，就會有這個結果；然而同時，可攜網路裝置普及的時代，為我們的日常生活帶來全新、不必要的忙碌。數十年前，這一類活動根本不存在。現在，每當會議之間出現空檔，我們往往會關注那些能夠刺激我們大腦的事，而非考量該如何運用空閒時間。再一次刷新電子郵件信箱、再看一下 Instagram，不

---

* 一般來說，比起花時間提升自己，更值得花時間讓自己變得快樂。

斷滑著推特（Twitter）上的負面發文，我們覺得自己忙翻了，這種忙碌狀態讓我們以為自己達成某些成就。但事實上，這只不過是虛幻的高生產力假像。

　　不幸的是，這種忙碌狀態也會導致我們平靜遠離，因為這只會讓我們承受許多不必要的慢性壓力。[†]當我更深入探究焦慮與平靜相關的研究，消除生活的慢性壓力來源（其中有許多來自成就思維導致的不必要忙碌），使在我追求平靜方面取得最大進展。我不得不再一次強調：慢性壓力，大部分來自於成就思維，可能是我們長期維持心理平靜的最大阻礙。

　　接下來我會解釋為什麼。

　　簡單來說，我們生活中會面臨兩種不同的壓力。第一種是**急性**壓力，是暫時性的，而且通常是一次性的，例如重訂機票，晚上不小心踩到一塊樂高積木，和另一半床頭吵床尾和。幸運的是，我們身體的原始**設計**就是為了應付急性壓力，自有人類以來，絕大多數時候人們面臨的是急性壓力，有長達數百萬年時間，人類只不過是豹、蛇和巨型鬣狗口中的美味獵物，我們身體的壓力反應提供我們需要的肉體和心理韌性（stamina）應付這些威脅。[10]

---

† 諷刺的是，成就思維有可能讓我們浪費更多時間：每當出現預期之外的休息時間，我們就會恣意揮霍，漫無目的瀏覽社群媒體，在方形螢幕上隨意點擊，我們會因為自己沉浸在我們應得的放鬆狀態產生罪惡感。所以，選擇忙碌比較容易一些。

　　如果要精確定義，急性壓力屬於暫時性的短期壓力。你可能很熟悉身體在面對急性壓力時會產生哪些反應：你的身體會釋放壓力荷爾蒙皮質醇（cortisol），啟動身體的壓力反應。這種壓力反應可以讓我們擁有需要的肉體和心理韌性，抵抗讓我們感到有壓力的事物，繼續過生活。你的身體會大量分泌腎上腺素，你的瞳孔會放大，你要不逃跑、要不像個狠角色般殺死吃人的鬣狗。

　　如今壓力一詞被汙名化，但這並不公平。事實真相有些複雜：壓力對我們來說自然不是什麼有趣的經驗，但是壓力讓我們的生命有意義。急性壓力就好比是一座隧道，你必須穿越這座隧道，才能抵達另一端更美好的地方。當下覺得有壓力的時刻，往往成為後來美好的回憶。婚禮讓人有壓力，為大家庭做晚餐讓人倍感壓力，在一百個人面前談論你的工作也是一樣。但是這些經驗讓**我們的人生有意義**。心理學家凱莉·麥高尼格（Kelly McGonigal）在《輕鬆駕馭壓力》（The Upside of Stress）書中寫下一段很有說服力的話：「如果你用廣角鏡頭拍攝自己的人生，然後刪去讓你感到有壓力的片段，你會發現留下的不是理想人生。反之，你會發現刪掉的是那些讓你成長的經歷、最讓你引以為傲的挑戰，以及定義你個人的人際關係。」[11]

　　急性壓力讓我們擁有許多可供日後回味的記憶、讓我們累積許多充實的體驗，以及許多使我們不得不正面迎擊因而成長的挑戰。

．　　．　　．

　　但是，「慢性」壓力正好相反，是非常糟糕的壓力類型，會持續很長一段時間，感覺似乎沒有結束的時候，我們得一而再、再而三地面對它。所謂的慢性壓力，不是單次取消班機，而是每天上班途中都要忍受折磨人的交通；不是偶爾和另一半爭吵，而是每次和對方說話，都會覺得彼此之間存在著無法調和的分歧。

　　面對急性壓力時，我們看得到終點，即使是在壓力達到最高點的時候也是一樣。我們度過有壓力的經驗後，我們的身體就會有機會復原。但是慢性壓力不同。

　　很不幸的，在成就導向的現代世界，慢性壓力的來源多到數不清。有些壓力來源甚至隱而不顯，導致我們陷入不必要的忙碌狀態。

　　許多慢性壓力來源很容易被看見，例如：在拮据的財務狀況中掙扎、不斷被惱人的同事惹怒、不得不照顧生病的家人，這些經歷彷彿沒有盡頭，會讓我們一直處於緊繃狀態。

　　但是另外有許多慢性壓力來源隱而不顯。我們甚至常會**選擇**把注意力放在這些壓力來源上，因為它們會刺激我們的大腦，讓人感覺有生產力。而因為這些壓力的刺激，或讓我們誤以為有生產力，部分這類壓力來源甚至會讓人**上癮**；儘管實際上，就某種程度而言，我們的大腦認定這些刺激具有威脅性。

舉例來說，你可能發現推特很吸引人、容易沉迷，但同時你也覺得使用推特後總是會動搖內心；或者你發現，花時間在同樣很吸引人的 Instagram 後，內心都會感到空虛。因為正如同 Facebook 吹哨人弗朗西絲・霍根（Frances Haugen）*在國會聽證會上所說的，這個 App 主要有兩種內容：身體展示與生活方式比較。社群媒體充滿貧乏空洞的內容，給人們帶來不必要的壓力。[12]

　　許多（即使不是絕大多數）導致我們**分心**的因素，也是慢性壓力來源。在我們焦慮時尤其是如此，導致我們分心的內容中，有很高的比例具有威脅性。

　　電子郵件、社群媒體和新聞能讓人感到刺激，我們之所以會留意這些刺激，是**因為**它們讓我們感覺有壓力，就不用說新奇、具有威脅性。此外，這些讓人感到有壓力的網站和 App 會引發「變動增強機制」（variable reinforcement），意思是有時候會出現新奇、刺激的事物讓人忍不住查看，但有時候沒有。這正是慢性壓力來源容易讓人上癮的原因。壓力也可能會讓人上癮，因為太常出現、讓人覺得熟悉，就好比我們會愈來愈適應某段有毒的關係，一旦這段關係不存在，就會在我們的人生留下奇怪的空洞。

---

* 譯注：曾擔任公民不實資訊團隊前首席產品經理，在 2021 年 9 月將 Facebook 多份內部文件交給《華爾街日報》，披露 Facebook 對知名人物、政治人物和高知名度用戶採取不同的待遇，Instagram 內容會傷害青少年心理健康等等。

新聞是很可怕的壓力來源,但是我們已經愈來愈習慣新聞引發的焦慮感受,近幾年更是如此。雖然我們可以自行選擇要接收哪些新聞,而且通常是為了掌握最新消息,但是這麼做讓我們承受超乎想像的龐大壓力。諷刺的是,這樣只會削弱我們的意識能力(mental capacity),愈來愈無力應付那些影響我們自己及所愛之人的新聞報導。有一項研究顯示,觀看 6 小時以上波士頓馬拉松爆炸案 † 新聞報導的研究參與者,承受的壓力程度高於直接受到爆炸案影響的**馬拉松參賽者**。[13]另一項研究顯示,本土恐怖攻擊新聞鋪天蓋地,導致許多觀眾出現創傷後壓力症候群(post-traumatic stress disorder)的症狀。[14]更糟的是,觀眾觀看負面新聞報導之後,會導致未來觀看更多具威脅性的內容,進一步強化研究人員所稱的「傷痛循環」(cycle of distress)。如果你大量閱讀和收看新聞,希望這樣的研究能夠讓你踩煞車。這份結論同樣適用於其他導致分心的因素,例如:某個事物雖然會刺激你的心理,但並不代表它會帶給你快樂,或不會讓你感到有壓力或威脅。情況往往正好相反。假如是品嚐一杯美味的咖啡,啜飲第一口之後,我們也許會放鬆地發出「啊」一聲;但是在查看完社群媒體之後,我們不會有這種反應。

---

† 譯注:2013 年 4 月,車臣裔的查納耶夫兄弟兩人在馬拉松終點線放置炸彈,導致三人死亡,兩百六十多人受傷。

　　不幸的是，我們的身體無法分辨急性和慢性壓力，而是會用同樣的方法應對這兩種壓力。

　　我們身體的壓力反應設計就和降落傘一樣，只會在特定情況下發生作用。過去數百萬年來，這套系統的設計目的是為了幫助我們準備好戰鬥，成功克服在特定場合出現、可能危及性命的實質壓力來源，讓我們輕鬆回到現實世界。

　　我們受到成就思維驅使而渴望忙碌，稍有不慎就會為此付出代價。我們必須駕馭這種思維，即使我們最優先追求的就是成就。

　　所以，該如何做到？

　　在結束這一章之前，我要介紹兩種實用策略，有助於降低成就思維及我們告訴自己的生產力故事所帶來的相關代價。這些策略能夠幫助我們遠離生產力光譜兩個極端，減輕壓力、感受更多愉悅，內心更為平靜。

　　這兩大策略分別是：設定你的「生產力時間」（productivity hours），以及建立「壓力庫存」（stress inventory）。以下分別說明這兩大策略。*

---

* 之後你會發現，慢性壓力的主題會不斷出現在這本書中，我們不會在這一章完整探討這個主題。某些慢性壓力來源容易讓人上癮、很難戒斷，或是早已融入我們的日常作息之中，但我們現在要有好的開始。

生產力時間

　　成就思維需要界限，如果缺乏界限，你的生活就會被這種思維模式主宰（我們會在第 4 章說明原因）。

　　以前我希望自己盡可能提高生產力，然後以此原則衡量我生活的絕大多數時刻的表現，後來我開始努力空出時間，刻意**不去在意**生產力或成就，為生產力和成就設定一些界限。如此一來我就可以在自己選定的時間內完成工作，然後空出多餘時間讓自己內心得到亟需的平靜。這種做法基本上違反我在研究生產力期間培養的所有直覺能力，沒想到刻意讓自己在某段時間不去思考生產力或成就，效果這麼好。不只是這樣，事實上我感到**非常震驚**，效果竟然出奇得好。

　　從此之後，每天一開始我會先設定生產力時間。簡單來說，這就是工作時間，包括職場工作或家務工作（我發現設定界限非常有用，所以我在工作或做家事時都會設定時間，但是或許你的情況不同）。在這段期間，你必須完成你要做的事情，因此感受到一些時間壓力。在生產力時間內採取成就思維，把時間花在最有價值的任務上，完成你能做到的工作。每天需要設定多少小時，取決於你在當天有多少需求、你的生產力提升技巧有多熟練、是否有私人管家跟在你左右？你愈看重傳統衡量成就的指標時，每天愈值得花更長的時間投入工作。

　　這個技巧執行起來非常簡單。如果你要設定生產力時間，每天一開始（或是前一天結束前）先檢查行程表上有哪些待辦事項，例如有幾場會議及各安排在何時、有哪些工作要完成、有哪些家事要做，然後決定一整天哪個時段要完成那些工作。如果你從事缺乏彈性的朝九晚五工作，那麼你的生產力時間就應該包含上班時間（扣除午餐和其他休息時間）。

當然，有時候你在生產力時間內沒有達成任何成就，甚至這是你**想要**的結果，例如你被困在極其無聊的冗長會議中，事實上你根本不用參加這場會議。但這裡有個關鍵：如果你可以選擇在這段時間不去開會，更直接努力達成目標，你一定會這麼做，因為你已經採取成就思維。

生產力時間是很有用的技巧，可以幫助你面對工作壓力，因為這代表工作時間可以看到盡頭，就算你忙得不可開交，只在傍晚有一、兩小時個人自由時間，也一樣。幸運的是，因為你已經選擇在自由時間暫停工作，生產力低落的罪惡感就不太可能悄悄找上你。你要區分個人故事、壓力、工作焦慮，與成就思維之間的差異，然後在這過程中找出真正的休閒時間。即使是在忙碌期間，設定**自由**時間（而非生產力時間）可能會更有意義，如此一來你便能擁有一小段時間，不用擔心是否完成該做的事情，罪惡感和慢性工作壓力不會在這時候趁虛而入，尤其是當你早已養成習慣，將這個時段完全保留給自己。

設定生產力時間，也會產生所謂的「最後期限效應」（deadline effect）。當你要求自己在有限時間內完成工作，換句話說設定最後期限，這時候你別無選擇，哪也不能去，只能像那些虔誠的生產力信徒一樣拚命工作。當你愈來愈清楚知道自己需要設定多長時間之後，你一定會覺得很驚訝，沒想到自己竟然能完成這麼多工作。只要採行這項技巧，就能為自己空出許多意想不到的自由時間。

　　我發現運用生產力時間培養需要刻意發展的技能，也能帶來不少樂趣，例如學習攝影、新程式語言、彈鋼琴（我一直彈不好）。你不需要太過緊繃，放輕鬆、釋放壓力，完成該做的事。記住，有生產力不一定會讓你覺得很有壓力，特別是如果你能平靜地去做。整體而言，你更應該擔心的是做事方向是否正確而不是做事速度有多快。深思熟慮勝過漫無目的橫衝直撞，你慢慢來失去的時間，會在深思熟慮中補回來。

　　長期而言，你一定要努力運用生產力時間，專心投入愈來愈重要的工作和家務。你的手機、社群媒體，以及其他讓你分心的事物，在這段時間結束後還是會等著你，所以在這段時間，務必要全心投入能夠你持續進步的事。如果你從事知識工作，實際的工作速度一定會比你以為應該有的速度再慢一些，此外你必須投入大量時間進行反思，這是用腦工作不可或缺的兩大生產力要素，可以幫助你更有策略地工作，而不只是被動完成工作。你或許會發現，放慢工作速度反而能幫你節省時間。

　　如果你很重視成就，就要專心提高生產力。如果你重視的是生活意義，就一定要把生產力放一邊。

　　當然，你必須依據自己的工作類型和生活方式，調整這項技巧的執行方式：如果你是業務代表，就有可能比小說家更常在傍晚時段與人聯繫。但是，如果你的工作無可避免會占用個人時間，就應該將比較不重要的工作集中在一起，寧可承受一定程度的急性壓力，也不要背負持續分心所產生的慢性壓力。

生產力時間之所以有效的另一個重要原因是，長時間**分心**工作比起專心、有生產力的超時工作還要糟糕。當我們鎖定某個時段專心工作，我們會全心投入，感覺所做的一切都是為了某個目的。相反的，如果一整天時不時查看工作郵件，就產生不必要的慢性壓力。如果待命（on call）期間無法領取加班費，就要考慮是否有必要待命，尤其是如果你的工作是慢性壓力的重要來源。不論你的工作讓你感覺自己有多麼被需要，都應該這麼做。

運用休閒時間盡情放鬆、與人連結、釋放壓力，找回平靜，或許你可以參考第7章提供的建議，決定要如何運用時間。在休閒時間，遠離讓你感到有壓力的事物。不要擔心產出、生產力、結果的問題，也不要把更多行程塞進行程表裡。這時候你就應該要好好享受生產力的果實，而不是達成更多成就。或許你可以享受「品味清單」（savor list）裡任何一項活動（這是第4章提供的建議之一）。

罪惡感是一種內在張力（internal tension），當我們工作時，大腦通常會運用這種方式告訴我們應該要去做某件事，提醒我們應該要考量時間的機會成本。如果你沒有習慣刻意解除連結，休息時就會產生罪惡感，尤其是如果你每天都會固定空出一段休閒時間。這很正常：你只要留意自己是否有罪惡感，然後採取本書稍後介紹的一、兩種策略，就能避免讓罪惡感毀了你的休閒時間。罪惡感也會在生產力時間的期間出現。如果真是如此，你得要想一想，自己是不是有目的在工作，是否正在做當下最好的事。

如果你決定試著設定自己的生產力時間，我希望你會得到和我一樣的結論：生產力時間能讓你遠離工作壓力，空出自由時間，感受到愉悅。

如果你想從這段時間得到更多東西，我發現以下一些建議很有幫助：

- **記住，花點時間瞭解自己每天需要多少生產力時間**。我們幾乎可以確定，你不可能一開始就能精準計算需要多少生產力時間，你可能一開始設定太多時間，然後又設定太少時間。但是長期下來，你會愈來愈知道自己每天有多少「成就能力」（capacity for accomplishment）。如果你實在不知道要設定多少生產力時間，可以想想一天你的清單上有多少工作要完成、有多少會議要參加、你覺得有多疲累、有多少精力，以及你需要花多少時間完成行程表上的工作事項。
- **設法在工作、家務和家庭生活模式之間保留一些空間。**

這能讓你從日常生活中的某個角色（成為領導者、導師、經理人、問題解決者、高階主管或學生）轉換到另一個角色（成為父母、祖父母、朋友或是好榜樣）。

- **一處於休閒模式時，寫下「稍後工作清單」（later list）。** 或者至少把從某處冒出來的待辦事項或是工作的想法寫下來，這樣就可以立即將那些念頭從腦海中抹除，等休息時間結束之後再處理。記住：愈不常在兩種模式間轉換，就愈能夠專心工作和放鬆。

- **生產力時間結束時一定要確實放下工作。** 在生產力時間結束前一小時設個鬧鈴，這樣會很有幫助。而且說來奇怪，工作到一半停下來，其實也會很有幫助，原因是你的內心會不自覺地想到未完成的工作，而且一直持續到隔天。試看看哪種做法對你有效。

- **盡可能限制自己在這兩種模式之間轉換的頻率。** 你在生產力和休閒模式之間轉換的次數愈少，就愈不會因為不斷來回轉換不同模式、導致心理受到衝擊，你會覺得自己更有能力掌控一天的時間。另外要記住一點：你可以慢慢進入生產力模式，不會有任何問題。因為你可能需要花幾分鐘時間從某個任務轉換到另一個任務，或者開始進入工作模式，沒關係，這很正常。

- **如果到了生產力時間結束時你覺得工作得很順手、還想繼續工作，可以彈性變通。** 如果你可以彈性地安排行程，不妨考慮犒賞自己：如果今天你超時完成大量工作，或許可以減少隔天的工作時間。另一個犒賞自己的方法（同樣的，如果你的行程表保有彈性空間）就是，如果你必須完成許多拖延已久的工作，可以縮減這幾天的生產力時間。

- **不要一早醒來就立刻進入生產力模式**。拜託，我求你了。慢慢醒來，從容迎接嶄新的一天，仔細想想你希望這一天有什麼收穫。睡醒後馬上查看電子郵件並不會讓你覺得更有掌控力。早上慢慢起床，才能從容地度過一整天。

- **在家時，設法在短時間內密集工作**。如果你有一些家事要處理，可以用手錶或智慧音箱設定15分鐘的時間，要求自己在這麼短的時間內清洗愈多餐具（或是做其他家事）愈好。原本要花30到35分鐘時間斷斷續續做完家事，現在可以壓縮在15分鐘之內專心做完。我發現，關鍵就在於設定較短的工作時間，但是不要過度僵化，怕被打斷。如果做到一半被打斷也沒關係，尤其是被心愛的人打斷。要記住：你正是為了那些人，才要努力提高生產力。別忘了，你的小孩或是你的配偶有時需要你的擁抱。

如果要為每天的工作設定界限，規畫生產力時間是很好的方法，讓你的時間運用更有條理。此外更大的好處是，隨著時間累積，你會更接近自己的目標。

　　生產力的藝術是，我們首先要知道什麼時候該關注生產力問題。

壓力庫存

　　除了在生產力時間採取成就思維之外，你應該要把生活中面臨的壓力來源一一寫下來，包括急性和慢性壓力來源。這就是你要在腰帶工具包裡新增的第二項策略，這份清單還有額外的好處，當你閱讀這本書時可以回過頭參考，會很有幫助。

　　挑戰如下：拿出一張紙，逐一列出生活中感到有壓力的事情。**不要遺漏任何一項**。仔細想想你的一整天：從早上的例行作息到職場工作（可能需要單獨一頁的篇幅），以及個人生活中必須承擔的責任，全部掃描一遍。不需要去想這是急性或慢性來源、壓力很大或很小，哪些壓力來源你只能默默承擔、哪些壓力來源你一直打算要承擔。把所有你能想到的壓力來源全都寫在紙上。不要忘了擴大你對壓力的定義，另外有可能導致你分心的小事也要寫上去，這些很可能是隱性壓力來源。

　　當你寫下平日面對的所有壓力來源、然後將這份清單擺在自己眼前，你才能真正抽離，冷靜思考；即使你認為某些壓力來源是正面的，也要如此。

　　寫下你面對的所有壓力來源之後，接著在另一張紙上畫出兩欄表格，把每個壓力來源填入表格中。其中一欄是你可以預防的壓力來源，另一欄是你無法預防的壓力來源。*在開始這個步驟之前，我要先提醒你：無法預防的壓力來源可能比可預防的壓力來源還多。這是正常的現象，完全可以預期。

思考哪些壓力來源可以消除

　　壓力讓我們感覺自己很忙碌，忙碌讓我們覺得自己很有生產力、很重要。但是依靠成就思維過生活，會讓我們承受許多不必要的壓力。這是為什麼我之前提到的那些練習很有幫助：你可以遠離生活中的壓力，然後仔細思考是否真有必要承受這些壓力。

　　我自己練習之後發現，竟然有那麼多壓力來源是可以預防的，特別是慢性壓力來源。例如以下壓力來源：

---

* 只要你極盡所能地設法阻止，多數慢性壓力來源都是可以預防的。你可以改成租房，就有可能消除買房帶來的壓力。你可以成為隱士，就能消除生活中所有的人際關係壓力。如果工作讓你筋疲力盡，你也可以捨棄你所擁有的世俗物品，成為一名僧侶。但是很明顯的，雖然你可以消除任何壓力來源，但不代表你就應該這麼做。有時候消除壓力反而會引發更多壓力，而且比原本承受的壓力還要多，因為這些壓力賦予的人生意義也會一併被消除。在你篩選清單時，一定要抱持務實的心態，仔細思考哪些壓力來源很容易控制、哪些很難。此外記住，只要你夠努力，多數壓力來源都可以被控制。

- **新聞網站**：我持續接收許多內心認為具有威脅性的資訊，但無論如何都覺得有必要去查看。
- **夜間新聞廣播**：讓我睡前陷入焦慮。
- **不必要的電子郵件更新**：我會看到必須撲滅的壓力火苗、需要完成的新任務。
- **有毒的人際關係**：我經常與對方互動，導致壓力升高。
- **績效指標**：我會定期更新，例如 podcast 下載量、網站訪客、書籍銷售數字，有時會沾沾自喜、有時則垂頭喪氣，就看當天（或是某個時間點）的數字而定。
- **兩個找我諮詢的客戶**：他們帶給我的壓力遠大於其他客戶的總和。
- **推特**：持續提供讓人火大的負面動態。
- **Instagram**：不斷顯示讓我羨慕不已的內容和訊息，其中包含許多新奇影像，吸引我一直看不停。

　　控制壓力來源需要花一番工夫，就看生活中的壓力來源有多根深蒂固。它不一定像是刪除 Facebook 帳號那樣簡單，不過我還沒有遇過有人後悔刪除 Facebook 帳號。擬定計畫或是解除一段有毒的人際關係所產生的壓力，可能比面對雜亂的居家時所背負的心理壓力還大。同樣的，如果大部分的工作壓力來自某個專案，退出這個專案恐怕比退出下班後社團還要困難。

　　你可能會抗拒做這個練習。但如果你真的希望得到平靜，我會鼓勵你不要跳過這個練習。抗拒是過程的一部分。慢性壓力的代價可能比你想像得還要嚴重，我會在下一章說明。

・　　　・　　　・

我逐一消除可預防的壓力來源。例如改訂閱早報，取代新聞網站和 podcast，也就是捨棄每 5 分鐘更新新聞來源，改為閱讀每天更新一次的實體報紙。除非是為了某個有意義的原因，否則我絕不會查看社群媒體帳號。我限制自己只在每天生產力時間以外查看收件匣一次（我會和其他想到的瑣碎雜事一併處理）。

這些建議說得比做得容易。但是，如果你感覺壓力龐大、焦慮、或是過勞，就必須消除生活中可預防的慢性壓力來源。從你記錄的清單中挑選出慢性壓力來源，然後著手處理其中幾個來源。如果現在很難做到，別擔心，接下來幾章我會介紹其他策略。現在，就做你能做的事。

即使某個慢性壓力來源很難被消除（不論是因為你已經習慣了，或是這個來源要從生活中消除會很複雜），設法消除慢性壓力來源都是值得的。每當你消除某個負面慢性壓力來源，等於減少一件讓你誤以為自己很有生產力，卻只是在消耗時間、無法真正達成成就的活動，同時也減少一項導致你過勞的因素。我們會在下一章探討過勞問題。

　　你不應該讓自己陷入過勞，這是我親身經歷過後的心得。
過勞和成就思維一樣，都會導致我們遠離平靜。

第 3 章

過勞方程式

對壓力反應遲鈍

　　如果閱讀完上一章之後，你還需要更多推力，幫助你消除
生活中不必要的慢性壓力，以下是我付出慘痛代價後學到的
教訓：長期累積慢性壓力的最終結果就是過勞。根據世界衛
生組織（World Health Organization）在《國際疾病分類標準》
（*International Classification of Diseases*）中提出的定義，過勞是
「無法成功克服的慢性工作壓力」所導致的直接結果。[*1]

　　我們必定是長時間承受慢性壓力之後，才會過勞。所以，
消除可預防的慢性壓力來源非常重要，即使你得拚盡全力、把
握機會才能做到，或者即使你內心抗拒這麼做，也要設法做
到。如果你不採取行動，就等著過勞。

　　我在上一章有提到，每當我們面臨有壓力的情境，我們的
身體就會啟動壓力反應，釋放壓力荷爾蒙皮質醇，我們的心理
和身體都會因此受到影響。壓力反應的強度取決於兩大因素：
我們接觸壓力的時間有多長，以及壓力的嚴重程度。在250位
挑剔的陌生人面前演講3小時所啟動的壓力反應，會比連續30
分鐘觀看充滿煽動性內容的有線電視新聞節目還要強烈。[2]但
不論是哪一種情況，皮質醇都會動員我們的身體，去面對已察
覺到的威脅。所以壓力不僅是我們面臨的心理挑戰，它也會改

---

* 根據世界衛生組織的定義，過勞專指職場環境中產生的現象。世界衛生組織表
　示，由於工作與家庭之間的界限愈來愈模糊，因此，過勞現象在家庭生活中也
　變得更為普遍。

變我們體內的化學物質平衡。

在我踏上追求平靜之旅幾個月後，我對於焦慮和平靜有了更深入的研究，連續好幾個星期我把口水吐在塑膠試管裡，要瞭解我的過勞情形。接受綜合過勞測試，也就是填寫「職業倦怠量表」（Maslach Burnout Inventory）之後，我發現正如原先預期，我的確是過勞。差不多在這個時候，因為我想知道自己的皮質醇升高到什麼程度，於是我也做了唾液皮質醇檢測（saliva cortisol test）。

當我們很長一段時間持續承受慢性壓力（例如被指派太多專案，或是以我的情況來說，工作得經常出差），我們的身體因為不斷做出毫無意義的壓力反應而感到厭倦。研究顯示，如果我們承受慢性壓力的時間太長，我們的身體「最終會減少皮質醇分泌，導致體內皮質醇降至正常值以下。」研究報告形容，這種情形就很像是「我們身體的壓力反應系統**本身**已經過勞了」（粗體強調是我加上的）。[3]

每當我們早上醒來，皮質醇數值會升到最高點。部分原因是為了動員身體完成起床動作。這也是為什麼當我們經歷一段特別有壓力的時間之後，會比較沒有力氣起床。因為身體已經調降皮質醇分泌。我們的身體發現每天都要分泌皮質醇應付壓力，因此停止例行性的皮質醇分泌機制。有研究顯示，被診斷

為過勞的人，早上的皮質醇數值通常遠低於沒有過勞的人。[*][4/5]

如果要衡量自己是否過勞，唾液皮質醇檢測不如職業倦怠量表來得可靠（接下來我會說明）。但是我實在太好奇了，所以我都試試看。檢測結果卻讓我大吃一驚。

一般人一天的皮質醇變化**應該**看起來如圖3，早上達到最高點，隨後會逐步下降到合理的程度：

圖3 腎上腺運作圖

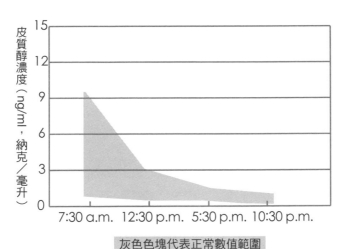

灰色色塊代表正常數值範圍

但是我的皮質醇變化和上圖完全不一樣。當我拿到檢測結

---

* 有趣的是，這是為什麼我們在早上10點半、而不是一早醒來喝咖啡，才能夠大幅提振精神的緣故。我們起床幾小時後，體內的皮質醇自然會降低，我們的精力也是一樣，在這種情況下，我們確實需要提振一下精神。

果時，我發現我的皮質醇濃度變化基本上是一條扁平線。

圖 4　腎上腺運作圖

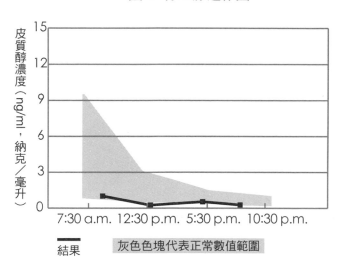

我的身體嚴重過勞。就化學物質的數值變化來看，我的壓力反應系統基本上已徹底崩潰。即使是回應那些讓我覺得**開心**的正向壓力，例如在一群人面前演講或是度假，我的身體也拒絕動員。同時，對於新遇上的機會，我的內心也不會有興奮感。我已經沒有任何東西可以給其他人了。

如果我再更努力來停止讓自己背負更多慢性壓力，情況應該會好轉許多。

但是我並沒有那麼做，我的診斷結果確定是過勞。

過勞三大特徵

進一步研究之後，關於過勞以及過勞如何導致我們遠離平靜等問題，我發現一些有趣的想法。

其中一個與過勞真正的定義有關。提到過勞，一般人通常聯想到筋疲力竭的感受，因此大家都會混用這兩個名詞。不過，這樣的聯想其實遺漏過勞方程式中三**分之**二的要素。

過勞不只是讓人感到筋疲力竭，這和一般人的想法很不一樣。過勞的確會讓我們感到筋疲力竭，覺得疲乏、力氣耗盡、心力交瘁。但同時間，我們也會出現其他兩種感受：**憤世嫉俗、缺乏生產力**。如果是完全過勞，就必須同時有這三種感受。

憤世嫉俗是一種疏離的感受，我們感覺消極、煩躁、孤僻，而且在某些情況下，我們覺得正在做的事情與自己無關。當內心深處感到憤世嫉俗，就會產生「**接受這份工作，然後推掉它**」（Take This Job and Shove It）*的態度。這就是過勞的特徵之一，表象會騙人：表面上這份工作很有意義，但是我們實際做起來卻不一定這麼覺得。[6] 你只要去問問經歷過疫情的醫護人員就知道。過勞的現象最早是在醫療產業被發現，這個領域表面上看起來很有意義，但是日常的工作內容卻存在許多慢性壓力來源（當然，這個領域充滿更多有意義的急性壓力來源）。

---

* 譯注：這是 1977 年由美國鄉村音樂歌手大衛・亞倫・柯（David Allan Coe）創作的一首歌。

　　除了感到憤世嫉俗之外，時我們也會覺得缺乏生產力，感覺像是我們不擅長自己正在做的事情，或是沒有達到夠多成就，沒有任何一個人因為我們的努力而受益。這種過勞感受會導致我們陷入惡性循環：我們愈是覺得過勞，就愈是認為我們所做的事情毫無意義。我們的內心在評估時會產生虛幻假像，以為自己很有生產力，但是隨著時間累積，這樣只會讓我們更沒有生產力，特別是如果我們承受更多慢性壓力時。

　　如果沒有同時包含這三種要素：筋疲力竭、憤世嫉俗、覺得沒有生產力，就不能算是真正的過勞。

　　這本書的主題是平靜，討論過勞感覺似乎是岔題了，而且如同你的預期，研究人員認為過勞與焦慮是各自獨立的主題。但是過勞的主題仍然值得我們花時間探究，因為過勞與焦慮之間的關係太過密切。有一項研究發現，**59％**被診斷為過勞的人同時被診斷有焦慮症，這有可能是慢性壓力造成，因為研究顯示，焦慮可被視為「一種病症，可作為保護因子（protective factor），對抗具有威脅性的情境。」[7] 另一種與過勞有交集的病症是憂鬱，這本書介紹的許多想法，或許能幫助讀者對抗憂鬱。有一項研究顯示，58％被臨床診斷為過勞的人經歷過憂鬱或是憂鬱症發作。[8] 雖然過勞、焦慮和憂鬱之間的確切關係至今仍舊不明，但是它們擁有共同的成因，包括慢性壓力和其他生物因素。[9]

　　當然，即使我們撇開過勞診斷不談，只感受到過勞三大特徵的其中一**項**，我們還是會覺得很難受，而且這是一個預兆，未來有可能會演變成真正的病症。一般來說，如果你感到筋疲力竭，就要小心留意自己的工作量。如果你覺得自己變得冷漠，就要培養社交關係，想辦法和同事建立更深入的連結。如果你感覺憤世嫉俗，就要確認你是否擁有完成工作需要的資源，以及你是否可以深化工作場合的人際關係。[10]

·　　·　　·

當我重新回顧工作與生活中究竟發生哪些事件，導致我在講臺上恐慌發作，許多片段記憶如火花般在我心中快速閃過，提醒我已經過度勞累。到後來即使只是完成很簡單的工作，也變得像登山一樣困難。在我追求平靜的旅程中，反覆學到一個教訓：當事情在最簡單的時刻出錯時，我反而能學習到最多經驗。像是很難完成最基本的任務；不斷重複閱讀某一封電子郵件，然後才開始思考要如何回覆；星期天晚上情緒低落，害怕隔天早上必須工作。

我還回想起另一段類似的記憶，我想要在飛機上完成一些工作，於是我打開筆電開始回覆電子郵件，但是我發現，兩小時飛行途中，大多數時候我一直盯著收件夾裡少數不重要的電子郵件，我只需要簡單寫幾個字就能回覆這些郵件，不用想太多，但當時我覺得這是世界上最困難的苦差事。我的內心已徹底認輸，我根本沒辦法打起精神接受這個挑戰。

　　我坐在飛機上，感覺有必要分散自己的注意力，擺脫這種挫折感，我必須要讓自己變得忙碌、感覺有生產力。或許我應該關掉筆電，從頭頂上的置物箱裡拿出一本小說。但是我沒有這麼做，我只是一而再、再而三地投入一些毫無意義的工作。我等著收信，然後迅速刪除郵件，讓自己感覺很有生產力。我在筆電上再一次刷新社群媒體最新動態，我說服自己相信自己是在做一件有用的事。但是這些讓我分心的事情只是再度增強我的慢性壓力循環，導致我筋疲力竭、沒有生產力、感到憤世嫉俗。

　　但是當最後期限逼近、我必須完成工作時，這時候我就很懂得如何抵抗分心，我會設定某個目的去做某件事，不讓自己分心，然後專心工作。但是工作時間結束之後，我又會讓自己承受不必要的慢性壓力，特別是讓我以為自己有生產力的慢性壓力來源，例如查看電子郵件。

　　雖然我盡了最大努力控制所有慢性壓力，但我知道還有其他事情要做。

　　就在這個時候，我有機會和克莉絲蒂娜‧馬斯勒（Christina Maslach）對談。

金絲雀

馬斯勒是加州大學柏克萊分校的社會心理學家與名譽教授。她和蘇珊・傑克遜（Susan Jackson）共同開發「職業倦怠量表」，這是最常被用來衡量過勞的工具，已經被科學文獻引用過數千次，在我撰寫這本書之際，這份量表已被翻譯成將近50種語言。我開始鑽研馬斯勒多年累積的大量研究報告，看到一些與過勞有關的新想法，反倒讓我安心不少。

首先是關於個人主義與壓力的想法。和馬斯勒聊過之後，我清楚知道有件事讓馬斯勒感到非常挫折，就是談到過勞問題時，大眾普遍認為過勞完全是自己的錯，一般人面對慢性壓力時也是抱持相同看法。

她告訴我，「我們面對過勞的方式就是要淘汰『無法承受過勞』的人，然後告訴其他人，要更常運動、冥想、健康飲食、吃安眠藥。但是一般人並不瞭解，過勞不是個人的問題，而是社會問題。」[11]

馬斯勒寫道，如果我們「發現（我們的）工作環境變得愈來愈難應付，那麼接下來的問題便是，為什麼我們沒有將重點放在如何調整工作，」[12]反而是想辦法改變**我們自己**。

悲哀的是，在現代職場，一旦出現過勞，人們就會想辦法掩飾，這正是當今職場文化的特點。原因其實不難理解：在高度期望員工能有效運用時間、順利完成工作的職場環境，過勞通常被視為缺點，在這種工作場合，每個人的工作量可能都已滿載。如果其他人能度過難關，你也應該可以。[13]

　　幸運的是，對我們（及我們的心理健康）來說，馬斯勒非常不認同這種觀念，「過勞被視為個人疾病，被當作是醫學病症、是缺陷或缺點。但事實是，雖然有些人把過勞當作是榮譽勳章，但多數時候這代表一種徵兆，顯示我們是在不健康的職場環境裡工作，這個環境並不適合我們。」而且，如果我們覺得過勞，其他人也可能會有相同感受。

　　馬斯勒甚至更進一步將過勞現象稱為「礦坑裡的金絲雀」（canary in the coal mine）。*

　　這個片語背後隱藏一則有趣的故事。金絲雀會吸入大量氧氣，正因為如此，牠們的飛行高度比其他鳥類還要高。由於生物構造使然，金絲雀在吸氣和呼氣時都會吸入一定數量的氧氣。也就是說，當金絲雀進入充滿一氧化碳等有害氣體的地下煤礦坑時，就會吸入雙倍存在於空氣中的毒氣。所以礦工進入礦坑之前，會先將金絲雀送進礦坑，這樣就能預先提醒礦工，礦坑可能有危險：因為中毒的是金絲雀，而不是礦工（可憐的金絲雀）。[14]

　　馬斯勒認為，用煤礦坑裡的金絲雀比喻過勞非常貼切。她曾親自前往不同工作現場進行過勞調查，她說當團隊成員得知他們不是團隊裡唯一感到筋疲力竭、憤世嫉俗、缺乏生產力的

---

* 譯注：延伸意義為「危險的前兆」。

人之後，都覺得非常驚訝。

　　馬斯勒到這樣的工作場合調查，並在簡報時說道，「工作到深夜，直到工作完成才會下班，是讓人引以為傲的行為。」當她在講臺上與團隊成員分享調查結果時，提到有許多團隊成員承認自己過勞，結果臺下觀眾幾乎快要失控，大家不再專心聽她報告，「每個人開始交頭接耳聊天。」她要每個人後退一步思考，「他們才恍然明白問題有多嚴重。」假使發生第一個過勞案例時他們能更公開地討論、解決問題，就能避免工作過勞問題持續惡化，導致生產力下降。[15]

　　馬斯勒很擅長發掘陷入失控的社會環境，包括被其他人視為正常、因而遭到漠視的失控現象，只不過她是以一種奇特且迂迴的方式進行。當然，過勞是其中一種失控現象。在1971年馬斯勒的職業生涯起步階段，[16]也就是心理學家赫伯特・佛羅伊登伯格（Herbert Freudenberger）首次提出「過勞」一詞之前三年，她發現另一種現象。當時，她正和一位名叫菲利普・金巴多（Philip Zimbardo）的男人約會（她後來嫁給了他）。那時候金巴多在史丹福大學進行一項實驗，研究感知權力（perceived power）與群體認同（group identity）的影響。在實驗中，參與者分別扮演「囚犯」和「獄警」的角色，然後在模擬監獄裡生活兩星期。

　　如果你聽過這個惡名昭彰的史丹福監獄實驗（Stanford Prison Experiment），就會知道這項實驗很快就失控了。獄警

變得粗暴，辱罵扮演囚犯的參與者，這些參與者開始認為自己
就是**真正的**囚犯，而不是參與研究的人。他們很快就將自己角
色的故事內化，他們以為這就是他們的身分認同。這項實驗根
本是一場災難，不過對於參與其中的每個人來說，幸好有一個
人質疑這項實驗是否符合道德原則，這個人正是馬斯勒。事實
上，負責執行這項實驗的金巴多後來在他撰寫的《路西法效應》
（*The Lucifer Effect*）書中提到，參與這項實驗的 50 人當中，馬斯
勒是**唯一**質疑這項實驗、認為應該停止實驗的人。[17]

她就是煤礦坑裡的金絲雀。

後來馬斯勒也有提到，參與實驗的人「會將一連串具有破
壞性的監獄價值觀內化，捨棄他們原本相信的人道價值觀。」[18]
我們可以一種大家公認比較沒那麼極端的方式做對照，如果過
度重視成就，會導致我們忽略工作對心理和身體健康造成的傷
害。當我們被困在一個長期有壓力的工作之中、宛如囚犯，我
們會以為這是正常現象。或者同樣的，我們會迅速認同與工作
有關的敘事：工作迫使我們扮演某個人的角色，這個角色必須
接受過勞考驗，彷彿我們每個人都必須經歷這段體驗。

但是，馬斯勒清楚告訴我，過勞現象雖然普遍，卻不應該
被視為正常情況。正如她所說的，關於過勞問題，我們不應該
忍受「多數無知」（pluralistic ignorance）*的情形繼續存在，甚

---

* 譯注：多數人不認同團體的某些規則，卻以為大家都認同，所以繼續遵守這些
　規則。

至保持耐性。

如果你感覺過勞，或者覺得自己快要過勞，不要問自己是哪裡出問題，你應該要像馬斯勒一樣，確認你看到的這個工作環境是否有危險。有危險的工作環境會傷害你的身體和心理。就如同我之前提到的，就心理層面而言，過勞會同時引發焦慮和憂鬱。某項統合分析（meta-analysis，指的是將多個針對某個主題的研究與相關知識整合的統計分析方法）顯示，過勞導致的身體傷害也會累積。這項統合分析彙整超過 1,000 份過勞研究報告，結果發現過勞是很重要的預兆，太多健康問題都是源自於過勞，我們可以用一句話概括所有健康問題，包括：「高膽固醇血症、第二型糖尿病、冠狀動脈疾病、因為心血管疾病而住院治療、肌肉骨骼疼痛、痛苦感受的變化、長期疲勞、頭痛、腸胃問題、呼吸道問題、嚴重受傷，以及45歲以下死亡。」撇開心理健康不談，光是為了你的身體健康，就應該要盡力消除過勞症狀。[19]

過勞門檻

所以，我們要如何克服過勞現象？

首先，我們可以減少身上背負的慢性壓力。你要記住，傳統上將過勞定義為工作環境特有的現象，但個人生活的壓力也會導致過勞。你能消除愈多慢性壓力，就愈能戰勝過勞。

　　克服過勞的第二種方法，就是提高我們可稱之為「過勞門檻」的指標（參考圖 5），也就是生活中要累積多少慢性壓力，才會導致我們過勞。（我們會在第 7 章介紹提高過勞門檻的策略。）

圖 5　過勞門檻

不妨回想一下，什麼時候生活中的慢性壓力累積到某個臨界點，導致你再也無力應付。這樣我們就可以明確知道自己的過勞門檻，超過那條線，就代表生活中的慢性壓力過多。

每當有新的挑戰、責任，或是面對重複出現的其他壓力來源，例如頻繁的出差行程，我們就會愈接近過勞門檻。（通常我們也會承受更多**急性**壓力，但是過勞的成因絕大多數來自於慢性壓力。）我們在不同生活領域承受的壓力程度不盡相同，慢性壓力來源的強度也大不相同，如同我在圖6呈現的。如果沒有過勞，我們承受的慢性壓力和過勞門

圖 6　過勞門檻

過勞門檻

壓力容量

金錢

人際關係／
家庭

工作

慢性壓力總和

慢性壓力來源

檻之間會有一段差距，這是健康的，代表我們還有一些餘裕承受其他新增的壓力，或是處理讓我們有壓力的意外事件。

然而，如果壓力來源過多，最終就可能會超出我們的壓力容量。例如一場全球性的疫情引發慢性壓力（圖7）。

如果我們原本就累積大量慢性壓力，那麼出現一個新的慢性壓力來源，就有可能成為壓垮駱駝的最後一根稻草。

這是我們應該要控制慢性壓力來源的另一個原因：如此一來，當我們面對**未來**的壓力時，更有能力調適。

圖 7 過勞門檻

過勞門檻

疫情

金錢

人際關係／家庭

工作

慢性壓力總和

慢性壓力來源

六大過勞因素

還有一種方法能更瞭解過勞，這是我從馬斯勒那裡得到的另一個啟發。如果我們能深入解析導致過勞的六大因素，不僅能幫助自己理解是什麼原因讓我們陷入過勞，同時讓我們有所警覺，採取行動克服過勞。

根據馬斯勒的研究，我們工作的六大領域就像是六個孕育慢性壓力的培養皿。經過長時期證明，源自這六大工作領域的壓力，會促使我們愈來愈接近過勞門檻，只要其中少數幾個過勞因素失控，就可能讓我們陷入惡性循環。[20]對你造成困擾的因素，可能不會只有一個。在閱讀以下段落時，請特別留意你的工作在這六大領域的表現如何。如果你願意，可以先在心裡記下有哪些領域對你造成困擾。這六大因素對於全職在家的父母，或是面臨空巢期的財星五百大企業執行長都同樣適用。

六大因素當中的第一個因素是**工作量**，指的是我們的行程表能維持多少工作。工作量與筋疲力竭的感受（過勞的三大特徵之一）強烈相關。[21]常見的情況是，我們的工作太多，所以得超時工作，晚上、週末和放假時都得要工作。偶爾工作量暴增是很正常的現象，例如我們正全力趕工，因為最後期限逐漸逼近。但如果我們每天面對的工作量都超出正常範圍，我們就永遠沒有機會恢復正常。在理想情況下，我們承受的工作量應當與我們有能力完成的工作量相當，這時候我們更有可能進入「心流」（flow）狀態，全心投入正在做的事情，完全沒有意識到時間流逝。[22]

　　過勞的第二個來源是缺乏**控制**。這個因素牽涉到幾個問題，包括我們擁有多少自主空間；我們是否擁有資源去完成我們引以為傲的工作；我們是否能自由主導我們參與的專案。[23]研究顯示，如果我們愈能掌控自己的工作，我們的工作滿意度和績效就會愈好，心理調適能力也會更好。[24]缺乏控制的常見原因之一是角色衝突，例如有兩個老闆，或者不只要向一個人報告，或是不同人的要求相互牴觸。研究已經證明，缺乏控制和過勞情形之間的確強烈相關。[25]

　　第三，**報酬不足**會大幅提高過勞的可能性。[26]當我們想到工作報酬，通常會想到金錢，但金錢絕不是我們從工作中得到的唯一貨幣。工作報酬可以是財務面報酬（金錢、獎金、股票選擇權），也可以是社會面（對我們的貢獻表示肯定）或內在面（我們覺得工作本身很有意義）。如果我們愈無法公平獲得報酬，就愈感覺沒有功效（inefficacy），缺乏功效是過勞的核心要素之一。*

　　過勞的第四個因素是**社群**，這裡指的是工作場合的人際關

---

* 如果你是老闆，為了團隊健康，你可以做的最棒的一件事，就是真心讚美真正表現優異的團隊成員。這個建議很簡單，但還是應該要提出來，原因是：讚美永遠不嫌多。某項研究發現顯示，如果你是主管，只要每季讚美四次，就可以將新人留任率從平均80％提高至大約**96％**。[27]如果以替換一名員工的平均成本來計算，假設每季給予四次讚美，每一次的真心讚美大約可為團隊省下一萬美元。你可以想像，讚美必須真心實意，才能發揮效用，否則就會產生反效果。

係與互動品質。[28]良好的工作關係會促使我們更全心投入、提高工作動機,但是當我們面臨無法解決的衝突、或是同事不願提供支援、或是工作環境缺乏信任時,我們就會感覺壓力沉重。如果工作社群無法給予支持,不僅會嚴重破壞我們的生產力,也會導致我們過勞。[29]我們需要有歸屬感,這一點非常重要。

第五個因素是**公平**。[30]馬斯勒將公平定義為「工作上的決定被認為是公正的,而且人們獲得應有的尊重。」[31]真正公平的工作場合會透過公平、可理解的方式為員工升遷,給予員工支持與尊重。公平的工作環境會讓員工更投入,而不是過勞。缺乏公平是導致員工憤世嫉俗(過勞的三大特徵之一)的重要關鍵。

第六個也是最後一個過勞因素是與我們的**價值觀**牴觸。[32]基本上,價值觀能讓我們與工作建立更深度的連結。如果我們的工作與價值觀相符合,我們會覺得似乎可以透過行動,實踐我們的價值觀,讓工作感覺更有意義。在理想情況下,我們的工作應該讓我們有目的感。如果一開始你是因為金錢以外的其他因素被某個工作或職業吸引,那麼你很可能會考量這份工作是否與你真正在乎的價值觀一致。如果我們的價值觀與我們的團隊和雇主有所牴觸,我們就不覺得這份工作有意義,而且更有可能過勞。研究顯示,我們的價值觀是我們與工作場域之間不可或缺的「激勵連結」(motivating connection)。[33]這絕不是說你相信公司浮誇的使命宣言，而是你覺得自己的工作真的很重要。

　　這六大因素與我們的工作密切相關。在某些情況下，如果你感覺過勞，你可能需要徹底轉換工作（或是共事的團隊）才能消除過勞。如果你發現在工作環境中，六大過勞因素幾乎都讓你感到壓力，那麼要解決過勞問題可能非常困難、或者不太可能：這時候走為上策，找一個真正尊重你和你的才能的工作。*

　　多數過勞因素都有普遍性，如果你感到過勞，你的同事也會。如果你要完成的工作讓你忙得不可開交（工作量），你幾乎不能決定自己的行程（控制），覺得和工作夥伴之間缺乏連結（社群），那麼你的同事也會有相同感受。

　　不過話說回來，某些因素比較屬於個人層面，例如價值觀。你重視的價值觀很可能和同事不一樣。舉例來說，如果你看重的是社群和友善，但是你發現自己在一個殘酷無情、競爭激烈的工作環境，你可能會覺得筋疲力竭，感覺自己和從事的工作毫無關連。所以當你感覺過勞，就代表說現在的工作環境

---

* 如果你是主管，不只有一位員工過勞，你可能必須直視讓你不安的真相：你為團隊創造的工作環境是有害的，你的團隊承受過多的慢性壓力。你要逐一檢視六大過勞因素，仔細思考工作上哪個環節讓你的團隊成員過勞：你可以壓制這些槓桿，讓員工感到更快樂、更健康。如此一來也能讓你的團隊更有生產力。不用說，員工的心理健康比其他都還要重要（特別留意工作量、控制和價值觀，研究顯示最好從這三大槓桿開始著手）[34]。

傷害你的心理健康和幸福感，或者你的工作不符合你的性格和價值觀。（如果你想要更深入瞭解自己的工作環境是否有毒或者只是不適合你，不妨找一位導師或是你信任的同事，確認過勞是不是普遍存在的問題。如果找不到這樣一個人，那麼你可以想像一下，另一位比你還適合這份工作的人，在這種工作環境會面臨多少壓力來源）。某種程度來說，你的工作是否適合你，其實一點都不重要。如果你覺得自己過勞或是即將過勞，就應該要找到方法調整工作，避免工作把你耗盡。你可以確認是哪些過勞因素失控。這樣你就能知道哪些領域讓你陷入痛苦，然後開始計畫如何改善當下情況或是凸顯問題，同時主動尋找其他更好的機會。

如果你要開始採取行動：

- 分別評估你在以下各個面向承受多少壓力：工作量、控制、報酬、社群、公平和價值觀。滿分為10分。
- 確認你在六個領域面臨什麼樣的結構性問題，哪些問題可以獲得解決，哪些問題的出現代表你必須立刻離開這個有毒的工作環境。
- 如果整體而言你還是覺得有一些慢性壓力沒有消除，那麼就得好好想一想，這份工作究竟有多適合你。

有時候我們別無選擇，只能繼續待在目前工作的地方，因為我們還有帳單要付，而且業界其他公司也許對員工很苛刻。
但是，等適當的時機到來，我們可以逃離某個糟糕的情境，不
過前提是其他公司沒那麼差勁。

　　但是有些時候，留在目前的公司努力改善工作環境也是值
得的，這麼做不只是為了自己，更是為了團隊其他成員。如果
你正考慮離職，或許值得一試，在內部創造改變。假如像馬斯
勒的研究表明的，其他人的感覺或許跟你一樣。

　　如果平靜是提高生產力必經之路，讓你持續覺得過勞的工
作就是死路一條。

解決過勞因素

　　在追求平靜的旅程中，我很快發現我的工作過勞情況有些
複雜：我在某些面向很健康，在其他某些面向又很不健康。你
也許遇到同樣的情況。

　　不過我明顯看到一個問題：我的行程表上塞滿太多工作，
大部分是我已經接下的顧問工作。如果你覺得自己就快要過
勞，而且你認為工作量是一大問題，就必須盡可能減少工作
量。這是醫學專業人員在談到克服過勞時，最常推薦的臨床干
預手法。你要記住：減少慢性壓力最好的方法，是一開始就不
要有任何慢性壓力。

　　有一項技巧非常有用，將你過去一個月完成的工作相關活

動全部列出來，然後篩選出三項對團隊最有貢獻的活動（只能挑選三項）。你因為負責這些任務獲得優渥待遇（希望如此），或者至少這些任務是你的工作核心。至於其他活動的目的可能只是支援你的核心工作，所以可以被刪除、交給其他人負責或是壓縮，這樣你就不用花那麼多時間處理，前提是你可以自行決定這麼做。如果你覺得自己過勞，可以考慮和主管一起釐清哪些工作內容最重要。設法根據你承受的壓力多寡，為這些多餘的任務排列優先順序。如果可以的話，就把給你帶來最多壓力的工作任務壓縮、交給其他人處理或是刪除。

如果可以的話，你可以在一天之中保留一些時間，提醒自己還有一點空閒時間，就和之前在生產力時間內設定自由時間一樣，不過這只是權宜之計。如此一來不論你的工作量有多大，都能在工作之餘擁有一些喘息空間。如果需要，你可以設定郵件自動回覆，假設有人要找你，可以打電話聯絡。我們在上一章有提到，每天設定空閒時間、不去煩惱生產力問題，長期而言會讓你更有生產力。

除了工作量的問題之外，多數時候我是一個人獨立完成工作，所以不太需要和其他同事即時溝通，但另一方面我因為從事顧問工作，所以我感覺無法完全掌控自己會接到什麼案子。（六大過勞因素之所以重要，是因為它們反映出我們如何**看待**自己正在做的事情。例如，我對工作擁有的掌控程度比我自己承認的還要高，但我卻不這麼覺得。過勞現象讓我們明白，個人認知比實際情況更重要。)

　　幸運的是，因為我創業，所以我可以自行擬定計畫，改善我的情況。當我分析完哪些因素導致過勞之後，我只保留最讓我覺得興奮的顧問工作，也就是我覺得最有趣的工作，其他工作則是全部推掉。我允許自己說不，而且不會有任何罪惡感。雖然收入減少，但重要的是，我可以大幅減少出差造成的慢性壓力。除了上述改變之外，我不再全面提供輔導，只保留少數高階主管客戶，也就是我能提供最多幫助且能一起成長的客戶。這樣我就能花更多時間寫作、研究和訓練，我認為這些工作更值得花時間投入，因為能幫助到更多人（或者至少這是我的目標）。總結下來，這樣做大幅減輕我的工作量，幫助我做更多有意義的工作。

　　為了建立更強的社群感，我開始和其他獨自工作的創業家組成團隊，每星期聯繫，確認彼此都有為我們的目標負起責任。在我們愈來愈多人都在家工作的這段日子裡，培養社群感變得更重要。

　　這些改變除了降低我的工作量之外，也讓我體認到自己對工作其實擁有更多掌控權，我可以讓工作變得更有意義，同時與社群建立連結。我擁有更多能力和能量接受挑戰。我還是要繼續減少其他慢性壓力來源，但至少現在我與平靜的距離又更近了一些，我與過勞門檻的距離又拉遠了一些。

　　我們多數人在六大領域的表現有好有壞。如果你同時感到

筋疲力竭、憤世嫉俗、沒有生產力，不一定代表你在每個領域
都面臨壓力。在非營利組織擔任高階主管的單親爸媽可能覺得
工作量太大、無法掌控，但是在價值觀、社群、公平和報酬等
領域，卻又覺得滿足。過度忙碌的單身股票交易員之所以從事
這份工作完全是為了金錢，不僅報酬高、掌控度也很高，但也
得承擔龐大工作量，而且工作場合缺少他們重視的事物，也很
難和其他人建立社群感。

請記住：不論你賺多少錢、不論你的工作是否會帶來改
變，你都有可能會過勞，就和慢性壓力與焦慮一樣。真正的關
鍵是那六大因素。

我們永遠不可能達到完美。慢性壓力會帶來傷害，但是在
工作中承受一些慢性壓力是很正常的現象；希望第7章介紹的
消除壓力策略能夠幫助你們清除一部分壓力。你的慢性壓力可
能會在某段期間瞬間飆升，這也很正常，例如你的公司正處於
轉型期、你專心投入某項專案、或是在全球疫情期間總是有開
不完的視訊會議。

這些都不要緊。我們難免會經歷壓力爆表的忙碌時刻。只
要記得：如果絕大多數與工作相關的慢性壓力無法預防，或是
如果面臨的壓力不會有結束的時候，就要盡可能想辦法擺脫或
是改變自己的處境。你最不該做的就是任由身體的壓力反應崩
潰。

你可以考慮在行事曆上設定提醒功能，定期檢查自己在六

大過勞因素的表現如何；自從我經歷過勞之後，就開始安排每六個月和自己開會。只要當你感覺消極、筋疲力竭、或是沒有生產力，就應該把這些現象視為重要線索，盡快檢視自己是否過勞。

你甚至會希望長期追蹤這些變化，確認自己的趨勢線是朝正確方向發展。

這六大領域是孕育慢性壓力的溫床，這個做法可以幫助你畫定界限，如果你希望得到平靜，這一點非常重要。

第 4 章

貪多心態

　　當棋局結束，國王和兵會回到同一個盒子裡。

　　──佚名

　　到目前為止，我在這本書中已經盡可能地說明，如果你沒有設定界限，成就思維會變成嚴重的陷阱。如果缺乏界限，成就思維會讓我們變得更不快樂、更忙碌有更多慢性壓力、有更高的機率過勞，導致我們進一步遠離平靜。當然，成就思維並非是造成這些結果的唯一成因，但是卻有可能火上加油。

　　前面說明過慢性壓力、過勞和焦慮是非常普遍的現象，接下來要更深入探討。如果成就思維往往會驅使我們達成更多成就，那麼**是什麼原因讓我們產生成就思維？**

　　成就思維更深層的成因，源自於我們永無止境地想要**更多**。關於貪多的心態，我的定義是：**驅使我們不計一切代價、不論在什麼背景下，都想要追求更多的態度。**成就思維只是「貪多心態」的其中一種表現。

　　如果這種心態過度發展，「更多」就會變成我們衡量日常生活的預設指標。我們有賺更多錢嗎？擁有更多粉絲？變得更有生產力？雖然我們持續追求更多，建立我們所知的現代世界，但是我們從不曾停下來思考：「更多」是否是衡量生活改善與否的正確指標？

　　為了證明這種心態非常普遍，不妨想想我們多常追求更多相互**牴觸**的事物，奇怪的是，我們的內心竟然可以接受彼此衝突的想法同時存在：

- 我們想要變得更苗條、想要練出六塊腹肌，卻又想要使用喜愛的外送 App 訂購更多中式料理。
- 我們想要買更多高檔裝飾品放在空間更大的家裡，卻又想要存更多錢，希望未來能過著舒適的退休生活。
- 我們想要擁有更多自由時間，卻又希望工作更有生產力、更成功。
- 我們希望生活更快樂、更有意義，卻又希望每分每秒盡可能塞滿活動。

　　你也看到了，問題其實很明顯：「更多」通常是一種錯覺。我們不斷追求更多，想像自己必定會變得更富有、更出名、或是身材更有型。（某個人或許應該對巨石強森說這些話。）我們必定能找到更大的房子，擁有更新、而且沒有刮痕的裝置，或是在我們開的新奇禮品店多賣幾瓶楓糖漿。但事實上，真正有用的目標都會有終點：到達這個終點，我們的人生才會真正發生改變。沒有終點的目標只是幻想。

　　再一次強調，我不是鼓吹你捨棄那些身外之物或是放棄追求成就。如果你真的看重這些事物，那通常就值得追求，而且不應該停下腳步。

　　但是，你也應該仔細思考，現代世界預設的優先順序是否符合你自己的優先順序。如果你確定兩者一致,最起碼你為自己做了決定。你或許認定只有少數幾項值得追求,例如愛、財務自由和休閒時間(最重要的是,這些東西讓我更有生產力:我很懶惰,只想要保留更多時間去做我真正喜歡的事情)。

我們一定要質疑這些預設目標,選擇符合我們價值觀的目標,然後將其餘捨棄。如果你已經決定人生的某些要素值得追求更多,就應該擬定計畫,確認計畫有終點。

無論你採取哪種方式,都應該要仔細思考我們的行為受到哪些因素驅動。尤其是如果驅動我們的力量被隱藏、被深埋在我們周遭不被看見,更應該要這麼做。

想要更多的代價

要盡可能避免陷入貪多心態,乍聽之下似乎與追求平靜的主題沒什麼關連,但這是減緩焦慮的重要關鍵。實際上有兩個原因:不斷追求更多,只會導致我們承受更多慢性壓力,我們的生活完全是為了刺激多巴胺分泌,這種神經傳導物質會「去活化」(deactivate)我們大腦內的平靜網路。

我們多數人都承認,永無止境追求更多其實是毫無意義的舉動。但我們卻忽略另一個事實:**擁有更多,必定要付出代價。**然而,這些代價通常像是人生決策帳本最下方的小字說明,根本沒人在意。如果我們在工作上扮演更舉足輕重的角色,就有可能過勞；吃太多會讓我們反應變得遲緩、不健康；買更大的房子會累積更多負債、更沒有財務自由，還要做更多家事。如果你在鄉間蓋一棟占地寬廣的房屋，以後上下班可能得要通勤一小時，而且每天都得面對煩人的通勤壓力；而且房子需要大量的維護工作，但是你根本沒有時間處理。如果想要維持穠纖合度的身材，就得花費難以想像的龐大時間和精力，但這些時間原本可用來做其他事情，例如和家人相處或是寫一本書。（而且你或許不能吃太多自己喜歡的食物。）

每個人的情況不盡相同，取決於個人的目標和價值觀。不過也有一些共同之處。例如研究顯示，當家庭年收入達到 75,000 美元（美國的統計數字），快樂程度會開始持平。[1]這並不是說當你和伴侶到達這個門檻之後，就應該追求更多。但是你要留意，追求更多所產生的成本是否會超過這個門檻。就以這個例子而言，如果你居住的城市高於或低於平均生活成本，就必須調整計算。你要記得，到最後必定會達到某個臨界點，超過這個臨界點之後，即使某樣東西你擁有更多，也不會變得更快樂。

如果**更多**符合我們的價值觀，而且成本在我們能力負擔範圍內，就值得追求更多。

然而更多時候，情況正好相反，只是我們不願意承認。

貪多心態會引發慢性壓力的另一個原因是，這種心態促使我們相信**得到的永遠不夠多**。這是這種心態最讓人覺得厭煩的部分：不論完成或累積多少成就，我們總覺得好像**少了**某樣東西。這種不斷追求更多的心態，將會導致長期不滿足。不論我們擁有多少，我們會一直想要更多。

有一項研究充分說明上述現象。研究人員詢問參與者，他們需要多少錢才會覺得快樂。平均而言，接受調查的人表示，希望比現在擁有的金錢再多50％。但重點是，**不論他們賺多少錢**，答案都一樣。即使是百萬富翁，同樣希望擁有比現在還要多50％的金錢。[2]有趣的是，我知道不快樂的有錢人遠比低收入者多。針對品味（savoring）主題進行的相關研究也有提到這一點，我們稍後再來探討。品味指的是我們內心關注與欣賞正向體驗的能力。[3]整體來說，富有的人比較沒有能力品味生活中的正向體驗。有項研究顯示，如果我們不斷被提醒擁有多少財富，就很難真心享受生活中發生的事件。我們無法專注當下，反而很介意自己所沒有的東西，一直想要更多。[4]

我設想一個有趣的模擬情境，藉此說明想要擁有更多錢的心態，會如何劫持我們的快樂。如果我提供你一份工作機會，年薪高達75萬美元（稅後所得！），但是這份工作**保證**會讓你長期變得很不快樂，你會接受這個工作機會嗎？

這原本不應該是一個選擇。但是，貪多心態會促使你開始考慮這個問題。

一旦抱持貪多心態，就不會考慮現在擁有多少錢，或是已經達成多少成就。你只在乎想要得到更多，即使這麼做會讓你變得焦慮，傷害你的心理健康。

●　　　●　　　●

接下來要思考另一個問題：如果一夜之間，你不再努力讓別人對你刮目相看，你會少花多少錢？

社會地位（status）會刺激消費欲望。這是我在思考自己如何產生貪多心態時得到的啟發。雖然我很不願意對自己和對其他人承認，但是一旦到了某個臨界點，我就會開始血拚、向人炫耀，不是因為我需要這些東西，也不是因為這些東西確實能夠讓我的生活變得更好。**擁有更多**總是會讓我更有優越感，只不過我的荷包也因此大失血，有好幾年時間我一直背負著沉重的財務壓力。為了追逐地位，我們從未真正享受自己擁有的一切。

我的手機就是很好的例子。我一直是重度科技玩家，長期追蹤各大企業如何突破各種可能性。但是到了某個時間點，我開始將地位與擁有最新科技畫上等號，根據人們是否擁有最新、最偉大的科技產品去評斷對方。每一年新手機問世，我就會覺得自己的手機變得很沒價值，即使我口袋裡的手機沒有任何改變。後來我意識到，自己竟然根據如此可笑的東西評斷一個人，我覺得很可恥。但不論喜歡與否，這個例子其實反映整體現象。我們都是根據某個不重要的條件評斷一個人，例如透過我們擁有的物品投射自己的地位。不妨想一想,我們第一眼通常會注意到一個人的穿著;或是,當我們新認識某個人,我們會拿對方的地位和自己比較。(所以,你從事哪方面的工作?)

　　優越感會刺激我們大腦分泌血清素(serotonin),這種神經化學物質會讓我們產生快樂的感受。但如果一直拿自己和其他人比較,就會引發更多慢性壓力:總感覺自己比不上別人。

　　擁有**更多**並不會帶來具體改變。你的手機擁有三個攝影鏡頭、而不是兩個,或是你的房子有兩個壁爐、而不是一個,或是你的沙發有內建冰箱等等,這些或許都不重要。就我來說,我會告訴自己,我欣賞品質好的物品,但事實上,我會購買更酷炫的商品,只是想要擁有**更多**。(雖然我會盡可能以最堅決的語氣宣稱,我絕沒有、未來也不會擁有內建冰箱的沙發。)

　　我們之所以渴望拿自己與其他人比較,有部分是天性使然。正如同社會心理學家、社會比較理論(social comparison theory)發明者利昂・費斯廷格(Leon Festinger)所說,我們天生就渴望知道自己和其他人比較的結果。[5]貪多心態會進一步強化這種渴望。一旦我們產生相互比較的心態,這種心態就會促使我們更重視(我們之外的)外在事物,而不是(我們內心的)內在事物。現代文化往往看重金錢、地位和認可,而不是友善、助人和與人連結等特質,即使這些特質也能幫助我們成功。

　　當我們不斷累積外在事物，包括財產、成就、更富有的人生，我們就會**看起來**很成功；如果我們專注內在發展，例如追求內心平靜、真心享受生活，我們會**感覺**自己很成功。在每一天結束之際，不會有人真的在意你住在一間大坪數的房子，或者你是某家公司的合夥人。專注內在事物有助於減少慢性壓力，也比較不容易陷入過勞。作家賽斯・高汀（Seth Godin）曾寫道：「如果你把無法掌控的成果當成工作的動力，總有一天你會過勞。因為那並非可以再補充的燃料，而且燃燒過程也會留下後遺症。」[6]

　　引用馬雅・安傑洛（Maya Angelou）的話來說：人們真的不會在意你達成多少成就、或者是否比他們擁有更多東西，他們只在乎你會給他們什麼感受。[7]

引發不滿足感的化學物質

　　如果我們抱持貪多心態，必然要付出可觀的代價；此外，貪多心態帶來的成就思維，也會產生同樣的後果。不過，我們之所以不斷追求更多，主要源自於人類生物學的特性，這個特性遠比上述兩種心態還要奧妙：我們的生活圍繞著神經傳導物質多巴胺，如果多巴胺分泌過多，會破壞我們的平靜，加深焦慮；而且諷刺的是，長期下來會削弱我們的生產力。

　　多巴胺是一種神經化學物質，時常遭到莫名指控，一般大眾對它也有許多誤解。許多人稱它為「快樂化學物質」，不過這種說法不完全正確。多巴胺的確與快樂的事物**有關**，每當我們投入某個有助於我們取得演化優勢的活動時，我們的大腦內部就會充滿這種化學物質，這種化學物質會引發類似興奮刺激的感覺，例如：找到配偶，享用美味的食物，累積更多財產等等。[8]然而研究顯示，多巴胺除了是一種快樂化學物質之外，更是一種**預期**（anticipation）化學物質，促使我們做出以為會讓自己快樂的行為。多巴胺本身則並不會帶來快樂。[9]

研究結果顯示，在我們投入愉快的事物**之前一瞬間**，大腦已經確定即將發生令人愉悅的事情，所以開始分泌多巴胺犒賞我們。[10]透過這種方法，我們的大腦學會將投入刺激快樂的行為，與多巴胺分泌聯想在一起。每當多巴胺因刺激行為而分泌，會讓我們感覺像是內心深處在大喊：「太讚了！」以此進一步強化多巴胺分泌的習慣。

有時候，多巴胺的聲音會變得微弱，例如當你再一次查看電子郵件，再一次刷新新聞。其他時候則是變得更響亮，例如當泰勒絲（Taylor Swift）在你的Instagram貼文下方留言。但是，常見的情況是，我們內心深處的聲音不斷懇求我們投入那些長久以來成功提高我們生存機率的事物。

多巴胺為貪多心態的神經學原理提供基礎。我和《欲望分子多巴胺》（*The Molecule of More*）的作者之一丹尼爾‧利伯曼（Daniel Lieberman）聊天時，他曾說道：「多巴胺的任務非常明確，就是將未來可供我們使用的資源極大化。」[11]除此之外，這種化學物質會「引發長期的不滿足感」。還記得之前提到的百萬富翁嗎？仍然想要擁有比現在多50％的金錢。如果我們的動力來源是多巴胺，那麼一旦我們達成更多成就，就會想要追求更多。

在這種情況下，多巴胺除了促使我們產生貪多心態之外，還會引發另一個循環，也就是我們會一直感到不滿足。

・　　・　　・

研究顯示，多巴胺會促使我們追求兩件事：更多成就、更多刺激，導致我們與平靜漸行漸遠。

前幾章我花了很大篇幅探討成就。我們愈頻繁追求更多成就，我們的行為就愈會受到多巴胺驅動，尤其是當我們沒有運用生產力時間或是「刺激斷食」（stimulation fast）（請參見第6章）等技巧。任何一項成就都必須付出相對應的代價，不過我應該要特別說明一下，一般而言擁有渴望達成的目標，這件事本身並沒有錯。有目標是好的，如果我們將這股驅力直接投入到對我們來說最重要的目標，就能過更好的生活，更忠於我們自己、更貼近我們的價值觀。但是，我們總會面臨某個臨界點，這時候企圖心變得**普遍化**（generalized），也就是說不論面臨什麼樣的情境，你都想要追求更多，而且持續受到驅使，想要獲得更多外在成功。永無止境的企圖心，只會讓你遠離平靜。

　　企圖心是另一個相當有趣的現象，奇怪的是經常被人誤解。研究人員提摩西·賈吉（Timothy Judge）和約翰·卡梅爾—穆勒（John Kammeyer-Mueller）將企圖心定義為「持續且全面性追求成功和成就。」[12]這不一定是壞事：如果藉由成功去幫助身邊的人，包括家人和社群，那麼我們的成功其實很了不起。況且，追求更多成功並不代表我們在生活的所有領域都想要擁有更多。我們可以設定目標、努力達成這些目標，但不讓這些目標主宰我們的生活。（有趣的是，我們愈是認真負責、愈外向、情緒愈穩定，就愈有企圖心。判斷一個人是否有企圖心的另一個背景變數是：我們父母的職業聲望。）

　　然而，正如你可以想像的，企圖心**來源**非常重要。另一個與貪多心態有關的另一個概念是**貪婪**，當你產生貪多心態，多半會表現出這種性格特質。另一組研究團隊將貪婪定義為「總是想要更多、永遠不滿足於當下所擁有的一切的傾向。」[13]貪婪會破壞幸福感，因為我們無法真心欣賞所擁有的一切或是達成的成就。我們無法達成心滿意足的平靜狀態，不斷追求下一個想要努力達成的成就。

　　如果你正巧是一個有企圖心的人，你要記住，持續不斷的追求只會讓你進一步遠離平靜。一旦過度依賴多巴胺，就會一直想要追求更多。當我們的內心沉浸在多巴胺裡，我們甚至不會去質疑為何我們要追求更多，或是為什麼我們很少品嘗成就的果實。我們無法抵擋誘惑，總是盲目地追求更多，因此每當我們做決定或是思考如何運用時間的時候，都不會去思考是否有符合我們的價值觀。只要我們有任何進展，例如達成或是獲得某樣新事物，神經化學物質就會再次分泌。這時候，我們會覺得這種感受實在太棒了。所以我們努力追求更多，不斷延遲享受內心平靜、品嚐成功果實的機會。

多巴胺不僅會促使我們追求更多成就，還會導致我們想要追求更多**刺激**。每當我們留意到某個新奇事物，包括社群媒體、電子郵件和新聞在內，我們的大腦就會釋放讓我們感到滿足的化學物質。這是為什麼消除第 2 章提到的慢性壓力來源如此重要的原因，只不過難度很高。但是，我們不能只是**選擇**不讓自己分心、不掉進長達好幾小時的網路兔子洞裡。原因就在於，雖然我們已經習慣慢性壓力來源，但如果壓力是由多巴胺引起的，就很容易上癮。

我們希望這一生從事的工作能為世界帶來改變，但是在當下，我們只想滑手機、瀏覽社群媒體。每年新年，我們都會設定一整年的健身目標，但是在當下，我們忍不住衝動叫外送、喝幾杯酒。每星期我們會設定希望達成的工作目標，但是在星期二下午某個時刻，我們只想反覆查看電子郵件，讓自己的內心持續接收刺激。

多巴胺主宰了一切。

這實在有點可笑，我們總是分分秒秒想辦法塞進更多活動，目的是為了持續刺激多巴胺分泌。光是整理房子還不夠，我們一定要邊做家事邊聽 podcast。只聽最愛的音樂還不夠，我們還要同時忙著滑手機。走路去雜貨店還不夠，我們必須同時聽有聲書或是和朋友聊天。這些一心二用的例子本身並沒有錯，但如果我們不是刻意為之，而是為了得到**更多**，那麼帶來的傷害會多於好處。忙碌狀態會讓我們感覺自己很有生產力：當我們內心覺得忙碌，就會刺激多巴胺大量分泌，這等於是在告訴大腦我們很有生產力。但是，屈服於更多刺激，只會遠離平靜。

我們會給自己一個說法，解釋我們如何有效運用時間，但事實上我們只是受到神經傳導物質驅動。我們天性會想尋找讓人感覺良好的事物，提供給自己和其他人，因為演化機制促使我們這麼做。

和慢性壓力與過勞很類似，追求刺激引發的焦慮不完全是我們的錯；這個世界將我們推往這個方向，而且生物機制很大一部分決定我們的行為。將它清除乾淨則是我們的責任。

重新找到平衡

還有一個問題你應該要好好思考，當初我回答這個問題時，感覺有些隱隱不安：如果要消除生活中促進多巴胺分泌的行為習慣、儀式和行動，包括刪除那些讓你忍不住一再瀏覽的網站和 App、捨棄所有你想要追求更多的事物，那麼你的生活還剩下些什麼？

就我而言，當我做完這個小小的思考實驗之後，發現自己剩下的並不多。我追求的事物大部分都確實是我重視的事物，但是也有許多只是盲目地想要尋求心理刺激，還有更多是我不在意的事物，包括地位或是我永遠用不到的身外之物。

對我來說，自從我拿到生平第一支智慧型手機之後，就逐漸遠離平靜。我很愛手機。正面是全螢幕，背面是黑色玻璃，很容易刮傷。這支 iPhone 3GS 真的很神奇，讓我來告訴你為什麼：速度超快，每個月還有驚人的 6 GB 數據容量（不幸的是，根據美國標準，這個數字很合理），可以讓我在任何時間、任何地點，與任何人聯繫。

回想當時使用這支手機，就彷彿變魔術一般。但是長期下來，這支手機只會傷害我的心理健康、破壞我的平靜感受，更別提後續開賣的新版手機。手機原本只是讓我與世界連結的一個工具，到後來卻不斷從我早已疲累不堪的內心，壓榨出更多多巴胺。我花愈多時間使用手機，就愈容易犧牲寶貴的注意力，只為了追求更多枯燥乏味的刺激，然後告訴自己我很有生產力。就我而言，這是我第一次迷上多巴胺。

在深入思考這個問題的時候，我發現每當我表現出受到多巴胺驅動的行為模式時，我都會告訴自己另一種說法，你或許也會這麼做。每當我醒來，雖然還在半夢半醒之間，但我會立刻拿起手機查看電子郵件，告訴自己有重要的事情要處理，而不是為了釋放更多神經化學物質。吃早餐時，我會滑手機瀏覽社群媒體最新動態，我告訴自己，在開始忙碌的一天之前我得要先休息一下，我絕不是為了追求更多刺激。每當工作休息時間或Zoom視訊會議期間感覺無聊時，我會在另一個視窗查看新聞，我告訴自己是因為我必須知道全世界發生哪些大事，而不是為了要刺激多巴胺分泌。**反正我無法做任何事情**，我內心這樣告訴自己。

很不幸的，我們生活在現代世界，受到多巴胺驅動的行為習慣如同水一般，填滿生活中的所有縫隙，淹沒真心反思、休息、尋求平靜的所有機會。

再強調一次，絕不要為了這件事懲罰自己！你大部分的行為習慣主要是受到這種神經化學物質驅動，而且在許多情況不會有什麼問題。謝天謝地，你只需要消除那些**不必要的**、受到多巴胺驅動的行為習慣，就有可能重新找到平衡。

· · ·

實際達成平衡會是什麼樣子？或是更好的問題是，這會是什麼**感覺**？

如果你覺得以前注意力持續的時間比現在還要長，你是對的，而且不只你一個人這麼想。在現代世界迫使我們將刺激和成就視為生活重心之前，我們的生活相對輕鬆，更能感受到平靜、活在當下。我們可以離開辦公室，回到家時，沉浸在一本好看的書中，在沙發上看一、兩個小時。我們不會將注意力同時分給不同螢幕。安裝在牆上的新式數位鬧鐘的貪睡按鈕不知被我們按了多少次，直到我們緩緩起身，開始新的一天，我們平靜地開始思考接下來一天要怎麼過，或是早餐該吃什麼。我們問自己，要如何規畫這一天，不會立即向外尋求刺激。如果你曾看過懷舊電影，覺得沒有手機的生活很清靜，不需要擔心，你也可以重新找回同樣平衡的生活狀態，同時又能從科技中得到你想要的東西。

我們很幸運，雖然大腦內有非常多由多巴胺驅動的網路，促使我們追求更多刺激和成就；但是**我們可以活化其他網路，找回平靜**。有趣的是，大腦的多巴胺網路與平靜網路呈現**負相關**。當多巴胺網路被活化，平靜網路就不會被活化，反之亦然。

像李伯曼這樣的神經科學家將大腦內的平靜網路稱為「當下網路」（here-and-now network）：它讓我們享受當下，對於自己正在做的事情感到滿足。當你大清早在自己的小屋裡品嘗一杯咖啡，就會進入這種模式；當你醉心看著夜晚的營火，也會啟動這種模式。[14]如果多巴胺網路的主要功用是為我們的未來創造最大效益，那麼當下網路就是要提醒我們，我們的工作已經完成；現在該是放慢腳步的時候，好好休息一下，細細品味當下擁有的東西。當下網路讓我們能夠貼近自己的生活，完全專注在當下，最重要的是，和我們眼前的人事物一起享受當下。

減少對多巴胺的依賴，我們才能取得更好的平衡。我們可以不費吹灰之力在多巴胺和當下網路之間轉換自如，就如同多巴胺主宰我們生活之前的情形，那時我們無拘無束，只為想做的事而做。

•　　•　　•

多巴胺分泌會讓人感到興奮刺激，至於大腦內的當下網路也與某些化學物質有關，這些化學物質不僅功用強大，甚至讓人覺得不可思議。與這個平靜網路有關的化學物質包括：**血清素**（serotonin，讓我們感到快樂）、**催產素**（oxytocin，讓我們感覺與其他人產生連結）、以及**腦內啡**（endorphins，讓我們感覺亢奮）。*[15]大腦的平靜網路被活化時也會釋放多巴胺，只不過濃度較低，而且多半會與同時釋放的其他化學物質保持平衡。如果你已經發現一天中多數時候多巴胺都圍繞著你，你或許需會要上述其他化學物質。

稍後我會更深入探討這些化學物質。現在，我只是要說，如果和幾年前相比，或許是在你擁有第一支手機之前、在你的工作環境變得不分時段隨時聯繫之前幾年相比，現在的你反而

---

* 我要特別提醒，這只是概略描述，這些神經化學物質的效用非常複雜，很難用一句話簡單說明。不過整體來說，我描述的確實都是它們會產生的效應。

覺得沒那麼滿足，和其他人的連結也沒那麼深，你並不孤單。
投入那些促進多巴胺分泌的行為習慣，就會抑制大腦平靜網路
的活化。不過反過來說，這種抑制正是警訊，提醒我們應該要
停止工作，好好享受成功的果實。

就和生產力光譜一樣，關鍵是取得平衡。我們不希望過度
依賴任何一種大腦網路。李伯曼曾說，以多巴胺為核心的生活
會造成「生產力悲劇」，而過度沉溺當下網路，也會變得過度懶
散。[16]

我們必須在追求更多和品味之間取得平衡，這點非常重要。

幸運的是，有許多方法可以做到這一點，接下來我們就來
談談第一種做法。事實證明，我們可以投入某個至關重要的要
素來避免過度依賴多巴胺。不過說來奇怪，這個要素不僅能幫
助我們提振精神，還能克服過勞。

有目標地行動

你大概已經看出來，我很愛提出反思性問題。現在又有另
一個問題需要你認真思考：**過勞真正的反面是什麼？**

你心裡有答案嗎？

·　　　·　　　·

　　圍繞多巴胺打轉的生活導致我們無法活在當下，而且諷刺的是，反而會讓我們變得缺乏生產力。

　　當我們受到多巴胺驅使，就會浪費更多時間在分心上，因為不斷接收刺激，所以注意力持續時間不斷縮短。我們也會愈來愈常控制不住自己的行為，特別是在網路世界，當我們眼前碰巧出現刺激時，我們會切換成自動駕駛模式，不會特地為自己設定飛航路線。以上種種因素導致我們生產力下降。不過還有另一個原因，導致我們缺乏生產力：以多巴胺為核心的生活**會讓我們無法專心投入自己的工作**。

　　克莉絲蒂娜・馬斯勒透過過勞研究發現另一個有趣的結論，那就是**過勞的反面是全心投入**。[17] 事實上，只要翻轉過勞的三大特徵（運用我們在前一章提到的做法），就可以將過勞**轉變**成投入。當我們過勞時，我們會覺得筋疲力竭、缺乏生產力、憤世嫉俗。但是當我們全心投入時，就會覺得活力充沛、很有生產力、有目標地行動。

　　即使你**沒有**過勞，只要將導致過勞的因素反轉，就能夠幫助你在工作或在生活各個領域都更能全心投入。

　　如果你有花時間培養到目前為止我所分享的技巧，那麼你的努力很快就能得到回報。我們已經為「全心投入」做好大量的準備工作。慢性壓力會導致我們過勞，所以減少生活中的慢性壓力來源，就比較不容易過勞、**同時**更能全心投入。這也同樣適用於我們選擇要關注的慢性壓力來源。消除讓我們分心的事，就能避免大腦的多巴胺迴路被活化，同時提高當下網路的活動力。減少慢性壓力來源能讓我們平靜，更投入、更專心、更活在當下。我們也會變得更有生產力：這算是不錯的回報，即使你把某些壓力來源可能很難消除考慮進去。

　　當我減少更多慢性壓力來源、有效控制六大過勞因素，我發現自己能更全心投入眼前的事物，不需要額外的干預手段。我在前一本書探討過消除分心的效用：我們不再是自己的絆腳石，不需要刻意努力就能保持專注。消除慢性壓力之後，特別是那些不被看見的壓力來源，我的專注力就提升到新的高度，我能從容不迫全心投入眼前的事物。雖然我還是會有些抗拒，我們每個人都會如此，但是已經比之前少了許多。（我還是會追求那些促進多巴胺分泌、讓人分心的事物，因為這些事物有刺激的特性，稍後的章節將探討這個問題。）

　　不過，現在你只要記住一件事：當你消除夠多慢性壓力來源，自然就能全心投入。當你全心投入，便能獲得平靜。

　　當然說得遠比做得容易。不過由於全心投入讓我們變得更有生產力，**並且**更平靜，不再像以前那樣擔心自己是否擁有得夠多，與全心投入重新建立連結相當值得我們努力。

留意自己有多投入

　　長期下來，我見識到「全心投入」的效用非常強大。一旦我們全心投入，工作時會更有生產力、更有意識地生活，特別是當我們參與最重要的任務，並從中創造最大的改變。長遠來看，全心投入讓我們更有生產力；當我們全心投入時，我們就是確實為了目標而努力。全心投入讓我們避開滿是多巴胺的分心，因為那對我們正在做的事沒有任何貢獻。專注當下，而不是接受刺激，讓我們的工作和生活往前邁進。

當我們全心投入眼前的事物，我們也會**感覺**更有成就。我們不會持續設定超出我們能力範圍之外的目標，不會一直想要追求更多；相反的，當我們全心投入時，我們會更專注、更深思熟慮，對自己正在做的事情充滿熱情。長期而言，我們更能享受自己做事的過程，同時在追求和品味之間取得更合理的平衡，讓內心重新達到平衡、恢復平靜。

所以，我們該怎麼做？

第一步就是做好目前為止我在本書裡提到的準備工作。要讓自己更全心投入，最好的辦法就是消除不必要的慢性壓力，如果你的壓力來自於六大過勞因素，更要這麼做。我希望你會發現，只要花時間和心力消除慢性壓力來源，必定會獲得可觀的獎勵，這些獎勵能提供你需要的動力，永久消除那些慢性壓力來源。

當你做好準備工作之後，可以試試看以下重新找到投入狀態的方法。在我追求平靜的旅程中，這些方法確實很有幫助：

- **每個工作天結束時，反思自己有多投入**。該如何衡量你的工作和生活，並沒有正確或錯誤的方法，你應該要依據自己的價值觀和環境，決定要使用哪些指標。對我來說，開始研究平靜之後，比起其他變數，我最常反思「投入」這個變數。長期以來，我一直依據這個變數，衡量我的工作日以及生產力時間的表垷。我已經將「投入」視為一項指標，用來衡量工作日是否達成最大效益。每天結束時，問問自己：今天我有多沉浸在自己的工作中？我有多常抵不住多巴胺的誘惑，任由多巴胺刺激大腦，讓自己感覺很忙碌？我是否經常或是很少能專注當下正在做的事？除此之外，你也可以仔細想想，你投入的事物是否很重要、很有意義，這也會很有幫助。

- **放慢工作步調**。追求「投入」，而不是追求刺激，最大好處就在於，你不需要瘋狂地工作。當內心開始習慣多巴胺分泌次數減少，你會變得更平靜，不自覺一頭栽進你正在做的事情。你會重新開始全心投入，而不是為了更多而追求**更多**。真正的喜悅在於深思熟慮地投入真正重要的事情。如果你和我一樣重視生產力，別擔心：雖然工作速度變慢，但是真正重要的工作有實質進展，很容易就能彌補速度的不足。每當我從事有深度的知識工作時，就會反覆得到相同的啟發：當我的工作速度愈慢，我的工作就愈能發揮影響力。長期下來，我會創造更多引以為傲的成果。

- **留意多巴胺驅動的壓力來源再度悄悄滲透你的生活。**消除隱藏的慢性壓力來源（當然還有讓你分心的事物），並非是一次性的努力：這是持續性的打地鼠遊戲，你必須全心投入，才能保護自己的心理健康。當你擺脫依賴多巴胺的習慣、更專注當下，就會覺得這個遊戲很簡單。你會發現，這和電玩遊戲正好相反；一開始很難，到最後卻變得很簡單。要留意生活中是否再度出現讓你分心的事物，也要注意你會如何告訴自己，為什麼需要投入這些事物。

- **建立成就清單。**當你比較不忙碌的時候，你會覺得自己沒什麼生產力，即使你達成的成就可能沒有減少（如果沒有更多的話）。若要修正這種心態偏誤，列出成就清單會是很不錯的方法。這方法一如其名：每星期寫下你在工作上達成哪些里程碑、完成哪些專案、有哪些進步。我們變得更加投入、更不忙碌，就能完成這麼多工作是很值得稱許的。

- **當你長期面對不同程度的慢性壓力，要仔細留意你的投入程度。**當你努力消除源自於六大過勞因素，或是生活其他領域的慢性壓力，也要留意自己在工作時是否更投入，待在家時是否有更多精力專注當下。這關乎改變習慣，保持警覺很重要：看到自己有在進步，就能進一步強化你投資時間、注意力和精力培養的習慣。

- **運用成就思維設定目標，但是要全心投入達成目標。** 在生產力時間一開始，得要先思考想要運用這段時間達成哪些成就，但接下來你該關注的重點就會變成你有多投入，好好運用上面介紹的技巧。我想你會和我一樣發現到：當你關注的重點是「全心投入」（也就是讓自己變得更有生產力的過程），你就會在生產力時間內達成更多成就。

慢性壓力會讓我們失去保護屏障，無法遠離過度忙碌、過度焦慮的世界。這通常是任由自己被多巴胺牽著走的後果。

當我們主動對抗這股力量，就會找到更深刻的平靜。

練習好好品味生活

除了在消除慢性壓力時必須留意自己有多投入之外，另一個克服貪多心態的策略就是「品味」。和「投入」一樣，這項策略會讓大腦從活化多巴胺網路，轉為活化有助於平靜的當下網路。長期來說，這會讓你更能專注當下，特別是當你必須處理由多巴胺引起、最為棘手的超正常刺激的時候，這也是下一章將探討的主題。

每當我碰到第一次見面的人，我很愛問對方一個問題：**哪**

些時刻最讓你回味無窮？我問了幾十個人同樣的問題，但是出乎意料的是，非常多人答不出來。尤其是男性；研究結果顯示，女性表示自己擁有「更好的品味能力」，「從兒童中期到成年晚期，而且跨越文化背景」都可以看到這種性別差異。[18]絕大多數我認識的成功人士也是一樣：他們聽完這個問題之後，常常是愣了幾秒鐘，不知該說什麼，因為他們需要好好消化這個問題，釐清自己的思緒。（你是否還記得有個實驗發現，有錢人比較沒有能力品味人生體驗。執行這項實驗的研究人員表示：「財富恐怕無法帶給人們期望的快樂，因為它會導致人們無法品味的不利後果。」）[19]

我們都會需要回答我剛提出那個品味問題。如果有**好幾個**答案，那就更好了。

在我們的日常生活被多巴胺主宰之前，這個問題並不會像現在這樣讓人一時語塞。盛夏時在租來的小屋裡休息的時光；在飛機上和隔壁乘客偶然聊了起來；和大家族親戚鬧哄哄的一起享用美味的晚餐；這些都是讓我們回味無窮的時刻。我們會細細品味在廚房玩桌遊，在漫長的家族公路旅行途中玩文字遊戲的時光，我們必定能放慢腳步，享受清晨咖啡的美味。

由於受到多巴胺驅使，我們很少像比利・喬（Billy Joel）的〈維也納〉（Vienna）歌詞唱的：「讓電話聽筒斷線，並消失一陣子。」[20]我們總是匆忙錯過人生中最美好的時刻（假使我們都有察覺到），我們發現很難深刻品味周遭的一切。我們不斷受到貪多心態以及引發這種心態的多巴胺驅使，必須積極矯正這種傾向。

品味能提供我們獨一無二的機會，刻意擺脫成就思維，暫時將企圖心放一邊，好好享受一下。再說一次：如果你無法真正享受成就的果實，那麼累積更多成就的意義何在？我們可以練習品味（這的確是一種練習，但也是一門科學），不去想我們的目標，完全沉浸在當下的愉悅。

或者換另一種說法，我們必須練習故意讓自己沒有效率，暫時將成就目標放一邊，轉換成刻意享受的心態。（別擔心，在你品味生活時，你的目標一直在另一頭等著你。）

現在我要給你一個考驗：寫下你品味的每一件事。如果你需要靈感，不妨想想之前生活中曾有哪些讓你非常享受的寧靜時刻，也許是你擁有智慧型手機之前，或是在討人厭的疫情爆發之前。如果你覺得這個挑戰難度太高，想想一天當中有哪些心滿意足的時刻你會等不及去完成。定期記錄這些時刻，方便日後回顧。

我必須老實說，在我一開始踏上平靜之旅時，總覺得品味是一件苦差事。但是我還是盡可能列出一份清單，試著細細品味。以下是我列出的部分內容，沒有依照特定順序：

- 伊莉莎白・吉兒伯特（Elizabeth Gilbert）、史蒂芬・金（Stephen King）、貝芙莉・克萊瑞（Beverly Cleary）或

是尼爾・史蒂文生（Neal Stephenson）的任何一本書。

- 在住家附近的森林散步。
- 街上咖啡店裡稍嫌昂貴的夏威夷果拿鐵。
- 我的早晨抹茶儀式。
- 把手機設成飛航模式在市區散步，同時聆聽鋼琴演奏曲（好聽的配樂也行）。
- 新式機械鍵盤的手感（如果你想買的話，我極力推薦「櫻桃茶軸」〔Cheery brown〕）。
- 滿身大汗地騎飛輪運動。
- 一邊喝著前面提到的抹茶，一邊讀早報。
- 晚上和太太邊喝酒邊玩克里比奇紙牌（cribbage）。

我還可以列出更多，不過這樣你應該就懂了。

每天從清單中挑選一件事，然後好好品味。在這份清單上，想花多少時間就花多少時間，但總之每天要花一些時間在這上面。當你發現你的心思已經飄走，開始想著工作或其他事情，就輕輕地把它拉回來，重新專注於當下的愉快體驗。

也要留意你會對自己如何描述這個挑戰。讀到這裡，你的內心很可能會暴跳如雷，你的多巴胺迴路可能會短路，不想去做這個挑戰。別擔心，你會有時間完成這個挑戰。你可能必須從忙碌的行程表中偷出一點時間，這不成問題：你只要記住，長遠來看，這個挑戰能夠幫助你重整大腦迴路，學會平靜與全心投入，你就能拿回那些時間。

·　　·　　·

踏上平靜之旅的一個樂趣是，研究我探索的技巧背後的科學基礎（以及現在分享出來）。過程中我發現許多非常有趣的研究領域，其中之一是品味。研究確實發現，刻意享受生活裡的正向體驗能帶來顯著好處。

平均而言，我們每經歷三件好事，就會遇見一件壞事，不少研究結果都得到相同結論。[21] 雖然研究結果是如此，但是我們的內心會主動搜尋可能的威脅，更仔細處理負面訊息，而不是正面訊息。這樣的負面反覆思索會直接導致焦慮，甚至讓我們低估自己的人生有多美好。

這是退步。我們在生活中面臨的處境可能非常艱難，我們經歷的好事與壞事比例也不盡相同。不過整體來說，三比一的比例是多數人面臨的情況。如果我們整體的心理狀態貼近我們的現實情況，多數時候我們會感受到平靜，不覺得有壓力或是焦慮。幸運的是，我們有可能「在內心感受到更多體驗，」這是開創品味研究的心理學家佛瑞德·布萊恩（Fred Bryant）跟我說的。我們可以運用品味研究得到的啟發，察覺生活中的正向體驗，然後讓這些體驗延長，讓這些經驗更有意義。在這種情況下，意義並非是我們尋找而來，而是從生活中或周遭世界察覺而來。這就是品味。

當我們刻意享受生活中的正向體驗，就能同時變得更快樂、更平靜、更投入。

布萊恩在自己的研究中宣稱，最快樂的人都有一個共通點：他們會更深刻地品味正向體驗。[22] 正如同你預期的，愈能深刻品味的人，就能愈專心投入，也比較不容易焦慮。[23] 品味正向體驗的行為本身會使體驗延長，讓我們更有能力品味正向事件，比較不會憂鬱或是有社交焦慮。此外，我們愈有能力品味正向體驗，就愈不容易有家庭衝突，對自己的感覺更良好，變得更有調適能力。品味能力愈好，正念、樂觀與智慧程度會愈高。有一項研究顯示，品味的行為本身就能大幅減少憂鬱症狀；[24] 另一項研究顯示，品味能促使年長者「維持更高的生活滿意度，不論他們的健康好壞都是如此。」你可以好好思考兩者的相關性，特別是考慮到布萊恩所說，品味「是一種可以熟能生巧的技能。」所以，我們應當將品味列為優先事項，盡情享受每天的生產力成果，只要我們真的這麼做，必定能帶來許多好處。

品味是享受生活中美好事物的藝術，我們可以將品味視為一種練習，透過這個練習將正向**時刻**轉化為正向**情緒**，例如愉悅、驚奇、自豪、歡樂。當我們品味時，我們會全面留意和享受正向體驗。*[25]根據布萊恩的說法，品味不僅讓我們更能享受自身的體驗，它還能幫助我們在追求和享受之間取得平衡。根據布萊恩的研究，可以運用四種主要方法掌控我們的生活體驗。如果是負面體驗，我們可以避開或是迎擊；如果是正向體驗，我們可以專心獲得更多正向體驗（這就是布萊恩所說的「獲得心理」〔acquisition mentality〕）或是細細品味這些體驗。

　　品味的行為本身會促使我們將貪多心態放在一邊，好好享受當下。就如同布萊恩所說的：「正因為你得到某樣東西，不代表你會享受它。事實上，通常你會受到驅使，想要得到另一樣東西。」[28]我們不會自動覺得感激，如果不夠注意，就會過度專注於**得到**某樣東西，而沒有好好品味。「這就是獲得心理的問題所在：如果不能享受某樣東西，那麼得到這樣東西又有何意義？你從不去看自己擁有什麼。你只看到自己缺乏什麼、你要得到什麼。」

　　要如何品味某樣東西？方法多到數不清。布萊恩的研究指出，品味一種體驗的方法有很多，其中包括練習**盡情享受**（luxuriating，沉浸於某個事物帶來的快樂感受）、**讚嘆**（marveling，

---

* 在概念上，品味和心流、正念有些重疊，心流和正念雖是各自獨立的主題，卻密切相關。根據布萊恩的說法，心流和品味不同，當我們處於心流狀態，「不會有意識地注意到自己當下的體驗。」[26]當你進入心流狀態，也代表說你正在從事大致符合你的技能程度、但相對有挑種性的任務。品味與正念不同，因為品味的限制條件較多：我們只會專注於正向體驗，而不是在客觀的覺察狀態下觀察自身的體驗。[27]

對某個事物感到讚嘆、覺得神奇）和**感激**（thanksgiving，讚揚
生活中的美好事物）。[29]每晚睡前，我和太太會互相分享覺得感
激的三件事。像這樣簡單的感恩習慣不只讓人感覺良好：也讓
人更享受生活，留意到更多身邊發生的正向事件。換句話說，
表達感謝是品味所擁有事物的另一種方法。

我們甚至可以品味**過去**或**未來**的經驗。（這同樣屬於品味
行為，因為我們享受的是當下的感受。）當我們品味過去，我們
其實是在**追憶**（reminiscence），感激擁有過去那些體驗。（我們
可以在腦海中重新回想過去那些歡樂時光。）至於品味未來，
執行上可能有些困難，但是當我們品味未來，我們其實是在**預
期**，這會增強我們對於尚未發生事件的興奮感（例如倒數計時
即將到來的假期）。有趣的是，預期行為能讓我們在這個體驗實
際發生時更深刻地享受，日後**回想**起這段體驗時也會覺得更美
好。為什麼會這樣？有一項研究理論指出，預期的行為會「創
造有感情的記憶軌跡，這段記憶軌跡會被活化，與實際發生或
記憶中的消費體驗相互結合。」[30]

不論你偏好品味過去、現在或未來，不論是透過盡情享
受、讚嘆或感激，都能為你帶來很多好處。

品味不僅僅是通往「全心投入」的捷徑，同時也是通往「享
受」的捷徑。

•　　•　　•

　　當你第一次嘗試品味時，你可能覺得這個儀式有些難度，而且你的大腦會抵抗，你內心的自我對話會變得非常負面、憤怒。生活在一個強調擁有更多的世界，品味當下似乎是一種叛逆行為。你或許甚至讓步過一、兩次，例如瀏覽 Instagram 或是查看電子郵件，或是思考之後必須完成的工作。

　　雖然這很正常，但是我希望你能抵抗這股衝動。你要留意是否有這股衝動，同時將注意力拉回到你正在享受的美好體驗。

　　在品味時，你要盡可能留意。仔細觀察當內心不再接收刺激時，是否會開始覺得無聊。留意自己想追求什麼，例如你衝動地想要擁有某種裝置、你想要隨手記下一些想法、你不自覺開始規畫一些事情。也要留意內心的自我對話。你是否對自己過度嚴厲，因為你將成就思維放在一邊，更別提貪多心態？你是否還在思考時間的機會成本，或是告訴自己品味事物是很愚蠢的行為？你是否覺得投注精力，以及培養活在當下的能力（專注於當前事物的技巧）是自私的行為？當你沒有在工作或是沒有朝著目標前進時，罪惡感會有多強烈？

　　這種反抗心理是很正常的，甚至可以預期，因為你正在重新設定你的大腦，學習平靜、全心投入，而不是一再陷入焦慮、分心。

　　採取上述技巧以及接下來我將要分享的其他技巧，長期下來，你會察覺到內心重新取得平衡後產生的正面效應。你不僅會在工作和生活中表現更出色，內心沉澱之後，你也更有能力

專注。你將更有本事找到快樂、建立連結。而且會感覺到精力
充沛、精神煥發。

你或許會發現，品味讓你更懂得感激自己擁有的一切，包
括微不足道的小事。貪多心態與成就思維最大的諷刺就在於，
它們只會讓你的生活被多巴胺主宰，無法帶來長期的滿足感。

品味和這兩種心態不一樣，品味能帶來滿足感。

如果抱持貪多心態，那麼只有當我們瞬間發現自己擁有的
東西原本預期多，才會對自己感到滿意，好比銀行帳戶裡有更
多錢、更多粉絲、更多朋友。但是這些感受稍縱即逝。更多時
候我們大概只會感受到自己很富有。

我們生活中已經有如此多美好事物，只需要細心察覺。

方法很簡單，每天品味一件小事就好。就和這本書的其他
概念一樣，如果和其他技巧搭配運用，就能幫助我們找回平
靜。不過這個技巧真正的神奇之處在於，它能消除持續追求更
多的行為所產生的負面影響：將追求更多放一邊，專注當下正
做的事情。這個技巧也幫助我們往後的人生能脫穎而出，更懂
得欣賞此時此刻，內心獲得平靜，而且更有生產力。

能夠達成更多成就是好事，你或許也希望在生活中得到更
多。但是我希望你會發現，在某些生活領域，成就思維或許行
得通，但是透過訓練大腦學會品味，我們可以將成就思維放一
邊，重新取得平衡。在我們達成希望取得的成就的同時，也好
好享受生活。

透過上述的絕妙方法，我們學會品味當下（也就是此時此刻），就能克服持續追求更多的心態，讓內心達到更深刻的平靜。

第 5 章

生活中的
刺激

量身訂製的刺激

為了繼續探究現代世界如何破壞我們的平靜感，我們現在先岔題一下，探討數位分心的問題。之所以岔題的原因很重要：在現代世界，我們的多巴胺分泌很大一部分是因為數位世界所引起。

就以YouTube為例。在我執筆至此時，YouTube網站大概有多達數十億支影片供你觀看。YouTube網站規模實在太龐大到難以形容，無法有具體區域範圍可以拿來比喻讓想像這個網站的規模到底有多大。如今每**1分鐘**就有超過**500小時**的影片被上傳到YouTube網站。[1]等於是每24個小時就會有相當於3萬天的內容新增到網站上。準確來說，YouTube是全球第二大搜尋引擎，僅次於YouTube的母公司Google。[*][2]YouTube也是全球第二大網站，即使將在中國（也就是全球人口最多的國家）市占率最高的網站計算進去，例如天貓和百度，YouTube依舊穩居第二名。目前在上百個國家擁有在地化的YouTube網站，被翻譯成八十多種語言，網站上的影片每天可創造數十億瀏覽次數。[3]再看看以下統計數字：每個月有20億名使用者造訪YouTube網站，大約占全人類的四分之一。YouTube也可被視

---

[*] 準確來說，是控股公司「字母」（Alphabet）同時擁有Google和YouTube，但Google是傘形公司（umbrella company）〔譯注：具有獨立法人地位的公司，以投資方式與被投資的公司組合相互關聯的公司群體。〕，負責管理字母公司的網路事業。Meta的情況也很類似，它本身是一家控股公司，擁有Facebook。

為是全球第二大社群媒體網站，擁有大約27億名使用者，僅次於 Facebook。[4]

在 YouTube 網站，不只有「鯊魚寶寶」（Baby Shark）和「江南 Style」[†]等影片帶來驚人流量，事實上 YouTube 早已成為網路世界的影片集散中心。網站上的影片類型包羅萬象，包括產品評論、入門教學、展示日常生活的影片部落格、脫口秀片段、電玩遊戲實況影片等等；不論年輕世代的親戚晚輩如何向我解釋，我想我永遠都無法理解這個現象。不過沒關係，雖然網站上有這麼豐富的內容，但不是每支影片都適合我，甚至是多數影片都不是我喜歡的。

我也理應不會全都喜歡。

你只要稍微瞇起眼睛，將廣播電視的特性反轉過來，就是 YouTube 的特色所在。電視的設計主要是吸引大眾，YouTube 網站只會浮現對**你**來說最獨特的內容。電視頻道一次只能播放一檔節目，而且內容一定要夠淺顯，盡可能吸引最大多數的觀眾；但是 YouTube 不一樣，YouTube 可以針對個別使用者提供不同內容。而且在 YouTube 平臺上，內容數量沒有任何實質上限，Google 可以持續為他們的伺服器農場購買更便宜的儲存空

---

† 譯注：Baby Shark 是一首流傳已久的兒歌，2016 年被韓國公司改編之後上傳 YouTube，成為首支突破 100 億觀看次數的影片，截至 2023 年 3 月為止，已經累積超過 124 億觀看次數；「江南 Style」是韓國歌手 PSY 創作的單曲，歌曲音樂錄影帶的觀看次數已累積超過 47 億。

間。每1分鐘新增500小時的內容？絕對不會有問題。

　　內容訴求的對象有多小眾，也沒有任何限制。如果只能吸引少數人，那就**更好**了：當你碰巧看到對你特別有吸引力的內容，你一定會很喜歡。每個人都是贏家，或至少理論上是如此：你會在這個網站上花更多時間，Google就有更多時間給你看廣告。你可以瀏覽更多新奇的內容，Google也能創造更多營收。

　　我看了一下網站當下推薦給我的影片，有關於機械電腦鍵盤按鍵開關的影片，還有探討天文學的科學影片，以及史帝夫·賈伯斯（Steve Jobs）生前發表主題演講的一小時精華片段。

　　你應該不會喜歡這些影片，因為這是YouTube專門提供給我的獨特內容，所以我會一直重複造訪這個網站。

　　如果你使用YouTube，也會是為了相同原因，重複造訪這個網站。

龐大的數據

　　理論上來說，YouTube網站的影片不計其數，絕對會有適合你的影片。一定會有一支影片讓你狂笑不止、讓你連續哭上20分鐘同時永遠改變你對某個主題的想法，或是鼓勵你在未來兩個月減重20磅、這輩子再也不會發胖。這支影片可能被放在網路上某個地方。YouTube的工作就是幫你找到這支影片。

　　Google的核心競爭力之一（如果不是最主要的一個）就是

設計演算法。這些演算法可以提供非常多功能，包括網站搜尋結果、YouTube影片推薦、Gmail搜尋、Google地圖的路線規畫等等。Google最重要的演算法之一，可想而知是網站搜尋：對多數人來說，Google這個名稱早已變成網站搜尋的同義詞。我們絕對不會說Duck Duck Go*任何事情，或是Bing某個網站：我們會說google某個東西。我電腦的拼字檢查功能甚至不會提醒我要將上一句話裡的公司名稱改成大寫，因為這個名稱早已變成一般用字。

　　如果在數十億影片當中有一支影片完全符合你的喜好，那麼像YouTube這樣的產物，究竟是如何找到這支影片然後提供給你？

　　基本上來說，就和真人世界的做法一樣：盡可能知道關於你的所有一切。當Google愈明確知道你喜歡什麼，就愈能根據你個人喜好推薦客製化內容。Google會蒐集關於你的興趣、性格、心情和收入水準等資訊，然後將這些資料匯入複雜精密的演算法，這樣就能立即找出哪支影片最能吸引你的注意。想到這個你會覺得難以置信，尤其是這一切只發生在短短一、兩秒鐘內。這也讓人覺得有點可怕，特別是當我們想到，我們與多巴胺的關係早已變得支離破碎。

---

* 譯注：2008年成立，公司開發的搜尋引擎最大特點是注重使用者隱私，不蒐集使用者的資料，也不追蹤使用者的足跡。

　　我必須說，YouTube 演算法會依據哪些標準加權，以及會納入哪些指標，目前公開的資訊非常少。推薦系統演算法屬於專有的競爭優勢。但是，我們至少可以想辦法描繪整體樣貌，大致瞭解 Google 會蒐集哪些類型的個人資料：想像如果是我們來經營 YouTube 網站，**我們**可能需要分析哪些資訊，才能找到完全適合我們的影片，找到最能刺激多巴胺分泌、最能吸引使用者重複造訪的影片。

　　如果你是一般使用者，那麼 YouTube 已經非常瞭解你是什麼樣的人。首先，它知道你的搜尋和瀏覽歷史、你喜歡觀看哪些頻道的內容、你從哪裡登入（根據電腦的 IP 位址）。即使你**沒有**登入，YouTube 也知道你曾將滑鼠移動到哪些影片上方、看了預覽，也知道你是在一天當中的什麼時候造訪網站，因為你在午餐休息時間觀看的影片內容和清晨失眠時觀看的影片是不一樣的。

　　難怪 YouTube 如此吸引我們頻繁登入：當我們登入時，Google 就可以將我們的 YouTube 資料與其他關於我們個人的資料整合。首先，如果你登入 Google 帳號，然後在使用 Google 在網路上搜尋資訊，YouTube 就會知道你在網路上搜尋哪些資訊。光憑這些資訊，YouTube 就能夠更深入瞭解你，知道你的興趣是什麼，你這幾天的心情如何。

　　如果你使用 Chrome 瀏覽器，特別是如果你開啟 Chrome 的「同步」功能，你在不同裝置上的書籤和瀏覽歷史將會同步更新，而且讓你保持登入Google帳戶的狀態。理論上，Google有能力分析這些與你有關的資訊。

　　如果你使用Gmail，Google就會知道你和哪些人聯繫（也就是你的社交圖譜）、訂閱哪些電子報、在網路上買了哪些東西。（現在亞馬遜和其他公司寄出的確認信函會隱藏購買資訊，所以像是Google等公司可能就無法將這項資訊加入你的個人檔案中。）

　　如果你使用Google地圖，Google就會知道你去了哪些地方、經常去哪些餐廳、使用哪種交通工具。這項服務可能也會知道你接下來的旅程。

　　如果你是一般網路使用者，而且造訪網站時沒有使用網路廣告攔截程式，Google就能知道你造訪多少網站。Google開發的「分析」（Analytics）工具會監控你在網站上的瀏覽行為，所以網站擁有者可以蒐集流量統計數據，追蹤你在網站停留多長時間、造訪哪些網頁、一開始從哪裡進入該網站。

　　我們還可以列舉更多例子，如果你有使用Google Drive帳號、智慧音箱、Google新聞等服務，你可能就會提供給Google更多關於資訊。Google蒐集到你的個人資訊都足以編成一本書。（別擔心，我不會繼續寫下去。）

　　不過，所有資訊背後的基本概念其實很簡單：我們的影片推薦內容愈是個人化，就愈能刺激多巴胺分泌，我們就愈容易上鉤、愈常重複造訪。

新奇年代

俗話說得好，如果要瞭解營利事業的動機，「跟著錢走」通常會很有用。以YouTube的情況來說，我之前曾提到，這個App持續優化的目的就是為了達成它的首要目標：讓你離不開YouTube。除了這個例子之外，你會發現絕大多數以演算法為核心的服務，也是為了達成同樣目標。當你花費愈多時間在Instagram、推特和YouTube等服務平臺，這些服務平臺就能賺更多錢。因為他們有更多時間在吸引你的內容之間展示廣告。在我撰寫這本書的當下，Google有高達**80%**的營收來自單一源頭：**廣告**。這個營收比例已經超過10年沒有變化，在變動劇烈、以破壞式創新聞名的矽谷世界，這是非常穩定可靠的營收來源。[5]

Facebook也是一樣。事實上，這種說法不完全正確：Facebook的廣告營收占比更是**高出許多**。在這本書寫作時，Facebook有高達**97%**的營收來自廣告。[6]Google和Facebook兩家公司總計占有61%的網路廣告收入。[7]如果你想要找一些有趣的事情來做，可以前往Instagram的「設定」，找到「廣告興趣」。*雖然有時候Instagram會犯下一些可笑的錯誤，但是你會發現，Instagram其實非常瞭解你這個人，絕對出乎你意料

---

* 我很想教你該怎麼做，但是在這本書出版之前或之後，在應用程式裡找到這項功能的路徑有可能會改變。你可以使用 Duck Duck Go 搜尋，瞭解如何找到這項功能。

之外。為了蒐集你的興趣，Instagram 會追蹤你在 Instagram 和 Facebook 帳號的活動軌跡。此外，根據新聞網站 Mashable 報導，Instagram 甚至會抓取「你透過 Facebook 帳號登入的第三方 App 和網站的瀏覽資訊。」[8]

在開始研究本章主題之前，我就已經關閉 Instagram 的廣告追蹤功能，但是謝天謝地，在我關閉 Instagram 帳號的廣告個人化「特色」之前，我擷取我的興趣清單螢幕畫面。我發現，Google 辨認出我有 **177 個特殊興趣**。其中有些興趣稍微有些偏離（例如夜店、格鬥運動、豪華房車和足球，這些我都不怎麼感興趣），其他所有項目幾乎很精準，這真的很可怕。其中還包括只有少數人感興趣的項目，例如音訊檔案格式與編解碼器（codec）、校時、開發工具、分散式運算、家庭自動化、任天堂、代理與過濾、聲音素材庫、電視喜劇、視覺藝術與設計、瑜伽等等。

看完清單之後，我立刻關閉廣告個人化功能。

現在我的 YouTube 推薦內容簡直是爛透了，但至少在我關閉 Instagram 的廣告個人化功能之後，不再像以前那樣愛亂買東西。

‧　　　‧　　　‧

數據公司的演算法愈能完美推薦適合我們的內容（不論所謂的完美 YouTube 影片是什麼），我們的停留時間就會愈長，而且愈常重複造訪。所以可想而知,近幾年某些平臺為何將最有可能吸引我們上鉤的內容排在最前面,像是 Instagram 和推特,已經從依照時間排序的動態時報(timeline)改成個人化動態時報。

吸引我們上鉤的內容也刺激多巴胺分泌,導致我們遠離平靜。類似 Google 和 Facebook 的服務平臺是透過付費廣告賺錢,因此他們可以向企業收費,讓我們看到那些煩人的廣告。但我們已經完全上鉤,所以一點也不在意,如此一來他們就可以持續優化服務,置入一堆廣告,卻不會影響我們在 App 的停留時間。我們在 App 裡花愈多時間,就會刺激大腦分泌愈多多巴胺,導致我們更加遠離平靜。

不妨想一想:以 Google 來說,從 Google 文件、搜尋,再到 YouTube,它提供的每項服務全都是免費的,但是這家公司的市值已經突破一兆美元。

只要與廣告主合作,Google 就能利用我們和我們的資料,創造如此驚人的經濟價值。

寫出這些內容,你可能覺得我看起來很像個偏執狂,戴著錫箔帽,在自家後院蓋金字塔抵禦外星人。我保證我絕不是這種人,雖然我確實發現,錫箔帽可以阻擋部分 5G 無線輻射(開玩笑的)。但是,許多科技公司利用我們的資料賺錢,這是千真萬確的事實。

這牽涉到平靜的主題。我深信,自從個人化演算法出現之後，內容平臺對我們生活的影響從正向、中立轉為負面，特別是社群媒體平臺。我們的數位世界積極利用那些促進多巴胺分泌的內容，吸引我們上鉤，讓我們一步步遠離平靜。

尤其在高度焦慮的世界，個人化的網路內容會擾亂我們大腦內部的神經化學物質。演算法無法分辨哪些影片、影像或最新動態對我們是好是壞，社群網路也缺乏家長式管理；多數社群網路並沒有惡意，他們只是在經營營利事業。

老實說，我們能責怪這些企業嗎？企業不是慈善組織。對於那些以成長為目標、在強調追求更多的文化背景下創辦的企業來說，更是如此。企業規模愈大，創辦人和員工就愈有錢。對數據公司來說，最有把握的賺錢管道就是利用我們的資料賺錢，方法是提供我們更多促進多巴胺分泌的內容。

表面上，我們的數位世界變得更有吸引力，這聽起來或許是好事。當然，我們會浪費更多時間點擊玻璃面板螢幕，不停在 Instagram、TikTok、Reddit 和推特之間切換。但是，如果我們花更多時間使用這些服務，不就能得到更多娛樂？

答案恐怕出乎你意料，情境並非如此。

類似 Google 和 Facebook 的廣告公司提供的服務，當下會讓我們感覺像是參加逃脫遊戲一樣充滿歡樂，但是長期與這些平臺互動，最終會變成是一場「浮士德交易」（Faustian bargain）*。個人化演算法讓人陷入狂喜，因為它會刺激我們的

---

* 譯注：指出賣道德操守，獲得短期利益。

心智；隨著時間累積，我們愈來愈習慣被多巴胺主宰的生活。

這會導致我們變得更焦慮，因為與平靜有關的化學物質分泌減少，我們也沒有花費足夠時間從事能夠提振精神和滿足感、與我們價值觀相符的活動。

多巴胺偏誤

之前我曾提過，我們大腦天生喜歡追求新奇，體驗愈是新奇，我們大腦就愈分泌多巴胺獎勵我們。

想知道網路究竟有多新奇，你可以做個實驗。試著進入你喜愛的社群網路平臺，反思一下你看到的貼文有多新奇（看到這些貼文的當下會有多驚訝、有多出乎意料）。如果你決定戒斷社群媒體，可以改為瀏覽新聞網站。但是，要盡最大努力不讓自己對這個 App 上癮。

例如：打開 Instagram，點擊你的個人化「探索」標籤，然後思索你看到的影像有多新奇。如果你和我一樣，就會發現很難不被那些影像吸引，很容易不假思索繼續瀏覽幾分鐘。如果你打開 Facebook 或推特，然後看了幾則最新動態、好笑的迷因梗圖，或是讀了幾篇讓你社交圖譜內的好友重新「相信人性」的文章，請仔細思索這些內容究竟有多新奇。

如果你真的被吸引，再想一想當你使用個人化 App 時，你對自己的注意力的掌控度有多高。在網路世界，我們的意圖很容易脫離我們的掌控。*

　　你會發現，網路上最新奇的資訊會引發人類基本的恐懼、渴望和焦慮。這些資訊不僅會刺激我們，也會促使我們遠離平靜。平靜可以帶給我們滿足感，讓我們能真心享受、放鬆。但是在當下，我們很難被能帶給我們平靜的內容吸引。

　　相反的，我們被多巴胺吸引，即使促進多巴胺分泌的行為習慣無法賦予我們長久的意義，也無法讓我們真心且深刻地享受當下。要在滑 Facebook 持續促進多巴胺分泌，或是安靜地喝杯茶沉思中做出選擇，想必非常困難。我們幾乎每一次都會選擇多巴胺，這個決定雖然在當下讓我們感到滿意，但是做完時卻會感到一陣空虛。

　　我喜歡將這種現象稱為大腦的「多巴胺偏誤」（dopamine bias）：在當下我們會想方設法提高多巴胺分泌，即使這樣會讓我們變得更焦慮，無法達成長期目標。

刺激多巴胺的三大因素

　　網路世界充滿了科學家所謂的「超正常刺激」。[9]除了成就

---

* 社群媒體也會破壞人們之間的連結，因為我們會決定從何處取得資訊，為自己創造一個獨一無二的現實。每個人的 YouTube 首頁內容都大不相同，而且只有對他們個人而言是新奇的。這些個人化內容創造的「過濾氣泡」（filter bubble）讓我們更難相互連結，因為培養更多個人化興趣。*

思維與貪多心態之外，超正常刺激也是現代世界讓我們感到焦慮的主因之一。

我們天生就喜歡享受某些事物，一旦這些事物經過精密加工處理、被過度誇大，就會變成所謂的超正常刺激。超正常刺激相當於真實事物的人工仿造品，更具有刺激性，包含最能激發人類欲望的成分，大幅提高多巴胺分泌，一再吸引我們索求更多。尤其當這些刺激是透過演算法為我們量身打造，**我們**就會覺得特別新奇。絕大多數超正常刺激來自於網路世界。

如今我們很少花時間投入那些有助於不同神經化學物質分泌達到平衡的活動，因為現代世界提供我們許多其他替代選項，其中包括：

- 查看社群媒體比早餐時和朋友聊天更刺激。
- 色情內容比性行為本身更能促進多巴胺分泌。
- 利用App點外送比起和伴侶一起做晚飯還要刺激。
- 觀看YouTube影片比起邊喝茶邊看一本好看的書還要刺激。
- 躺在沙發上瀏覽網路新聞比在鎮上騎單車或散步運動還要刺激。
- 在Netflix追劇比起和伴侶玩桌遊或是和小孩聯手把客廳改造成堡壘還要刺激。

　　要記住：一旦我們有選擇，我們多半會被能促進最多多巴胺分泌的事物所吸引。如果我們將時間和注意力投注到其他事物，絕無法像超正常刺激那樣促進多巴胺大量分泌，但是超正常刺激帶給我的享受極為短暫。

‧　　‧　　‧

　　愈能促進大腦分泌多巴胺的活動，長期而言就愈容易讓人上癮。研究顯示，以下三大因素會影響多巴胺分泌多寡：[10]

1. **新奇**：某件事有多驚奇、有多出乎意料之外。
2. **直接效應**：某個刺激有多具體且直接地影響我們生活，或是它對我們而言有多重要，也可稱為「顯著性」（saliency）。
3. **遺傳**：某些人的大腦天生會在某些區域釋放較多或較少多巴胺。

　　遺傳因素不在本書討論範圍內，但還是值得簡短說明。這本書提出許多找回平靜的想法和行動，我們不可能逐一深入討論。如果真的逐一討論，那這本書會厚達兩萬多頁，而且不會有人想看。除此之外，當我們談論大腦時，某些簡化是必要的。舉例來說，雖然我的重點放在多巴胺會如何過度刺激我們的心智，但是多巴胺也能帶來好處：它能幫助我們思考，激勵我們創造改變，讓我們過著更有意義的生活。此外，許多有助於平靜相關的化學物質釋放的行為習慣，也會同時促進多巴胺分泌。多巴胺不全是不好的，尤其當它和讓我們產生滿足感的化學物質一起釋放的時候。就和追求與品味一樣，真正的關鍵在於平衡。

遺傳也可能會凸顯多巴胺的負面影響。許多疾病或失調與大腦的多巴胺濃度改變有關，例如帕金森症、注意力不足過動症、厭食症等等，至少有部分原因與多巴胺偏低有關。[11]另一方面，妥瑞症、精神疾病和某些上癮症都與大腦某些區域的多巴胺偏高有關，或是以上癮症來說，原因是多巴胺反覆升高。至於思覺失調症和躁鬱症通常與多巴胺不平衡有關。

雖然遺傳扮演一定角色，但是千萬要記住一點：**你的多巴胺來源非常重要**。有助於平靜的習慣，會讓大腦釋放均衡的多種化學物質，其中就包括多巴胺。問題是在有些習慣**主要**是釋放多巴胺，那麼你就有麻煩了。

當你面對新奇的超正常刺激時，特別是如此。

•   •   •

前面已經大略說明第一個多巴胺因素，也就是新奇。如今我們接觸到的新奇刺激，可說是人類演化史上最多的時候。新奇的超正常刺激會讓我們變得麻木，同時讓我們陷入焦慮。我們愈是習慣依賴多巴胺過生活，就愈渴望維持那種刺激程度，自然就無法在當下感到平靜。這正是從廣播電視翻轉到YouTube之後出現的典型現象：娛樂不再是為了讓一般大眾感到新奇，而是專屬**我們**的新奇。這也使得娛樂比以前更誘人、更難抵抗。

　　這種新奇感在最禁忌的網站上更是展露無遺：我指的是網路色情。撰寫色情的主題固然有些難為情，但是這個主題的確非常引人好奇。很少有網路服務擁有如此龐大的使用者，卻因為充滿禁忌，所以很少被公開提及：70％的男性是色情網站的固定使用者，[12] 但很少有男性公開討論這些網站。

　　從許多方面來看，網路色情是最可怕的超正常刺激。正如《食色大腦》（*Your Brain on Porn*）的作者蓋瑞・威爾森（Gary Wilson）所說的，色情網站的「版面呈現會刺激使用者不斷追求新奇的內容，你可以打開多個標籤，連續幾小時不停點擊，你每10分鐘『經歷』的新奇性伴侶，遠多於過著狩獵採集生活的祖先一輩子擁有的性伴侶。」[13] 性興奮（sexual arousal）會增加多巴胺分泌，效果比其他行為都要顯著。這也是為什麼網路色情如此讓人上癮的原因，雖然網路色情虛構的成分很高，卻比真實的性行為要讓人覺得新奇。

　　色情和超正常刺激一樣，都會引發嚴重的負面效應。有一項研究發現，「受試者表示觀看過色情內容之後，對他們的親密伴侶不像以前那麼滿意，特別是對於伴侶的情感、外表、性好奇和性表現沒那麼滿意。」[14]白話來說：色情內容會破壞你生活的性親密（sexual intimacy），導致你的伴侶變得沒那麼有吸引力。他們還是原來那個人，只是你覺得他們不像以前那樣有吸引力。這項研究是在1988年完成的，當時**還沒有**出現色情網站。當然，在現代世界，處處充滿新奇的事物，但它造成的負面效應也嚴重許多。你和伴侶親密時釋放的多巴胺比觀看色情內容時還少，所以你的原始大腦會認為，和伴侶親密的時光沒那麼重要，網路上的某些影片才是重要的。（親密時光會大量釋放促使我們享受當下的化學物質。）

在許多情況下，觀看色情內容會引發焦慮和憂鬱，或許是因為色情內容屬於超正常刺激，導致我們內心更焦慮、更依賴多巴胺。[15]就以社群媒體來說，它雖然會促進人與人之間的連結，但同時也會導致我們與朋友之間不再像以前那般親密。色情內容也是一樣，它會模仿親密關係，卻會讓我們與伴侶之間無法變得很親密；或者如果單身，我們與未來的戀愛對象也不會很親密。

如果我們稍有不慎，在我們持續追求新奇的過程中，甚至最深刻的個人連結也會不幸地成為犧牲品。

•   •   •

　　在討論過新奇和遺傳因素之後，接下來要探討最後一個多巴胺因素，也就是顯著性。某個刺激愈是為生活帶來直接的改變，就會釋放愈多多巴胺。這個因素很直覺易懂。如果你發現地上有一張 20 美元紙鈔，同一天你得知自己的年薪增加了5,000 美元，對你來說這兩件事都很新奇。但是很明顯加薪會為你的生活帶來更重大的改變，因此大腦會分泌更大量的多巴胺。同樣的，如果你的伴侶答應你的求婚，那麼大腦分泌的多巴胺會遠比對方答應你第四次約會時還多。

　　在這種情況下，新奇因素也會發揮作用，只不過方式不同。有時候人們會說快樂的關鍵是降低期望，原因也在於多巴胺。如果你先前期望加薪 5,000 美元，之後也如願實現，那麼大腦分泌的多巴胺會比較少；但如果你原先沒有預期到的加薪來的少。

　　同樣的，如果你原本預期年薪增加 5,000 美元，之後只獲得1,000 美元的一次性獎金，雖然多了 1,000 美元收入，但你可能還是會覺得失望。

　　這是因為如果某件事的結果優於原先預期，多巴胺分泌就會增加；如果結果不符合原先預期，多巴胺分泌就會減少。從演化角度來看，這個功能有其目的。某項研究顯示，「不論是意外獲得或是沒有得到獎勵，都代表新的學習機會。」[16]當現實不符合我們的期望，我們便會經歷神經科學家所稱的「獎勵預測誤差」（reward prediction error）。這意謂著我們從中學會寶貴的教訓。我們解析發生的事情，理解多巴胺大量分泌（或減少分泌）的原因，未來更能有效管理我們的期望，這有助於我們更瞭解這個世界的運作法則，提高我們的生存機率。

不幸的是，超正常刺激正是充分利用這個學習迴圈。

被操弄的多巴胺

網路上的個人演算法同時利用新奇及直接效應這兩個多巴胺因素。我曾提過，數據公司蒐集愈多關於你的個人資訊，它提供的內容就（對你來說）愈新奇。除此之外，社群網路比起其他App和網站還要容易讓人上癮，因為社群網路讓人很有熟悉感：我們看到的內容與認識的人有關！其他App和網站很難讓人有這種熟悉感。

網路超正常刺激之所以如此容易讓人上癮，很大一部分原因來自於熟悉感。當內容與我們熟悉的主體有關，我們就愈容易上癮；我們覺得這些內容更有親切感，不太會抗拒一再接觸和吸收這些內容，而且我們可能會認為這些內容更有趣。在心理學領域，這就是所謂的「單純曝光效應」（mere exposure effect）。[17]如果我們一再接受某個刺激，我們會逐漸喜歡上這個刺激，只**因為**我們對這個刺激非常熟悉。不論這個刺激是正面、中立或負面，都不會有影響。[18]這也是為什麼像YouTube這類網站會推薦小眾的內容給我們，因為這些主題不僅有趣且非常個人化，而且某部分可以說明我們是什麼樣的人。當機械鍵盤主題相關的影片累積到 67 支時，就代表這主題已經成為我們身分認同以及自我描述的一部分：我們不再只是對於鍵盤感興趣而已，我們已經成為機械鍵盤的**狂熱愛好者**（aficionado）。換句話說，主體熟悉度（subject familiarity）是重要觸媒，吸引我們吸收更多新奇資訊。

此外，數位多巴胺刺激貪多心態，會驅使我們盡可能累積更多未來資源。社群網路提供我們一些指標，我們大腦會認定這些指標比金錢還要重要：這些指標可以反映我們有多受歡迎、我們對於認識的人來說有多重要。這也難怪為什麼那麼多數據公司開發的 App 都有提供類似的貨幣，像是粉絲數、按讚數，以及好友數或連結數。在多巴胺驅使下，我們覺得有必要盡可能增加我們接觸到的大多數貨幣。

數據公司還可以採取另一種更隱晦的做法操弄我們的多巴胺偏誤。當你衝動打開常用的 App，你可能會注意到，大約只有一半的時間你確實很認真地與內容互動。有時候，App 的內容很有趣，吸引你互動；但其餘時間，你只是反覆打開和關閉 App。這或許並非偶然：有研究顯示，假設有 50% 的機率獲得獎勵，相較於 100% 的機率獲得獎勵，前者釋放的多巴胺濃度會是後者的**兩倍**。[19] 這也是為什麼我們會如此頻繁查看電子郵件、反覆打開社群媒體 App。

《原子習慣》（*Atomic Habits*）的作者詹姆斯・克利爾（James

Clear）寫道，「一般來說，一個行為讓你得到愈多立即的愉悅，你應該愈強烈質疑該行為與自己的長遠目標是否一致。」[20]我們會屈服於克利爾所說的「**誇大版現實**」，成為超正常刺激的受害者，這些超正常刺激「遠比我們祖先生活的世界吸引人」。

我們的大腦或許渴望平靜，但是它無法抗拒多巴胺。

・　　　・　　　・

在繼續討論下一個主題之前，我們應該要再次強調超正常刺激與平靜之間的關聯。我們多數的網路行為受到超正常刺激驅動，我們大腦的多巴胺網路與平靜網路之間呈現負相關。因此，超正常刺激會驅使我們遠離平靜，陷入焦慮。這會導致大腦內部的化學物質失去平衡，大腦不活化讓我們內心的平靜網路和當下網路，而是轉為活化讓我們感覺刺激的網路。

在我尋求平靜的過程中，其中一個關鍵轉折點是：我恍然明白我手機上的 App 正在利用我的大腦天性。我和其他人一樣，內心確實喜愛（和渴望）多巴胺。我必須控制自己追求多巴胺的渴望，特別是這種渴望與追求專注力、精力和生產力的渴望相互牴觸。

藥物之所以會讓人上癮，是因為它會導致大腦內部的多巴胺濃度飆升。因此就化學層面而言，Facebook、推特和YouTube 屬於精簡版成癮物質。它們並非透過藥丸刺激大腦釋放多巴胺，而是透過那些滿足我們的基本情緒和衝動的影音影像，刺激大腦釋放多巴胺。我們不會合理思考這些服務，我們大腦只是根據本能看待它們。

我在前一章簡單分享拿到第一支 iPhone 的故事，也談到這個裝置有多神奇。當我花愈多時間在手機上，手機就愈像是用來刺激多巴胺分泌的一種手段，而不只是實用工具，它已經跨越實用的界線，對我的生活帶來負面影響。每一年都會有新版手機上市，新裝置更能有效促進多巴胺分泌，例如：螢幕尺寸更大，可以呈現更多資訊；處理器速度更快，縮短我們等待刺激多巴胺分泌 App 的運作時間；相機鏡頭畫素更高，讓我和全世界分享生活時得到更多按讚數。

更糟的是，每當我缺乏安全感，就可以利用手機化解不安全感。如果我希望有連結感，只要查看有多少人對我最近的推特或 Instagram 貼文按讚。如果我想要證明自己，只需要透過出版社作者頁面查看我寫的書在當週賣幾本。如果我想要感覺自己受歡迎，只需要傳簡訊給幾位朋友，然後看看誰會第一個回我訊息。

當然，期望會扭曲現實。有一半的時間我看到這些指標會很快樂，另外一半時間則是情緒低落。但我還是忍不住一再查看這些指標。這些指標幫助我逃離現實，然而事實上，這些指標只是一種隱藏的慢性壓力形式。

刺激程度

留意有多少超正常刺激悄悄潛入生活，逼迫自己後退一步思考，然後擬定計畫，消除最容易讓你分心的事情。

當我深入分析自己的焦慮來源之後，我發現情況簡直是一團混亂。如果你已經列出可預防的慢性壓力來源清單，也很努力消除這些壓力來源，你或許知道我在做什麼。儘管我已經盡最大努力消除慢性壓力來源，但是超正常刺激仍反覆出現。

當然，我們大腦需要時間逐漸恢復化學物質的平衡，達到平靜狀態。但是如果超正常刺激反覆出現，這個過程就會變得難上加難。

回顧過去，我愈來愈沉迷於數位超正常刺激，但我也花更多時間在類比世界的超正常刺激。多巴胺會刺激更多的多巴胺分泌；我們刺激愈多的多巴胺分泌，就會想要愈多，因為我們希望多巴胺濃度一直維持在高點。當我在數位世界尋求愈多的多巴胺，我在類比世界也會渴望愈多，喝更多酒精飲料、吃更多外送食物、買更多東西，不論線上或線下都一樣。

我的生活開始圍繞著這個神經傳導物質打轉，但卻不自知。當然，在我享用完美味的奶油雞之後，我或許會回到飯店，泡個澡放鬆一下，同時間除了聽podcast之外，其他什麼事也不做。雖然搭飛機無法上網，但如果飛機上可以上網，我多半會忍不住誘惑，反覆查看和上網，刺激更多多巴胺分泌。

我坦承為了清楚表達我的看法，我對自己確實有些過度嚴屬。就我的情況來看，撇開偶爾過勞不談，我在工作上掌控得很好，但不幸的是，我的個人生活充滿太多超正常刺激，像是我會忍不住查看某些 App，每星期大量訂購加工外送食品。

這樣只會促使我進一步遠離平靜。

·　　　·　　　·

我們必須盤點哪些行為受到多巴胺驅使，這一點很重要。不同活動擁有不同的「刺激程度」，關鍵就在於，當我們從事這些活動時會釋放多少多巴胺。我們可以把我們從事的活動視覺化，最下方是釋放最少量多巴胺的活動，最上方是釋放最大量多巴胺的活動。

當你盤點好一整天參與的所有活動之後，請在圖 8 中的適當位置逐一標示這些活動。你會發現最新奇、最個人化的超正常刺激位於圖最上方，最無聊的活動則是位於最下方。我把一整個星期會投入的刺激活動全部標示在圖 9。

當然，你的圖一定看起來和我的不一樣，即使我們花時間從事相同的活動，圖的樣貌也會不一樣。因為我們的大腦天性大不相同，我們的日常任務的顯著性和新奇程度也不盡相同。

日常活動釋放多巴胺的總量，將會決定你的整體刺激程度。因此，你的心理刺激（mental stimulation）程度，很大一部分取決於平日你的內心習慣分泌多少數量的多巴胺。

如果你一整天絕大多數時間都在查看電子郵件、社群媒體和新聞，回家後就是邊看電視邊喝啤酒，那麼你的生活很接近

圖 8 刺激程度圖

這個圖的上方，所以你會覺得很焦慮。如果讓你分心的事物同時是你的慢性壓力來源，你也會容易變得過勞。

圖9 刺激程度圖

相反的，如果你刻意遠離最能刺激多巴胺分泌的活動，找到能讓你細細品味的事物，仔細留意自己的投入程度，你的生活就會接近下方。你會更懂得活在當下、更專注、更平靜。

當然，這張圖還可以繼續延伸到我設定的界限外面。位於圖上方之外的活動會釋放超乎想像大量的多巴胺，但我們很少人會投入這類活動，例如吸食容易上癮的硬性毒品（hard drug）*。這其實很符合「刺激程度」的比喻：需要的多巴胺濃度愈高，就會摔得愈重。超出圖底部之外的活動幾乎不會釋放多巴胺，根本不值得一提，例如閉上眼睛、保持清醒躺著，好好休息幾小時。

至於位在上述兩個極端之間的活動，絕大多數是你平時會投入的活動。

　　　•　　　•　　　•

我發現這張圖很好用，可以將我的習慣、工作和活動視覺化，我可以大致觀察自己的內心受到多少程度的刺激。我建議你用同樣的方法描繪你的習慣，將你關注且最新奇的事物放在最上方，將你關注但最不新奇的事物放在最下方。如果你不想畫精美的圖，不畫也無妨：只要列出日常活動以及讓你分心的

---

* 編注：如古柯鹼、海洛因。

事物，思考這些活動有多新奇和顯著。然後和其他活動相互比較，再將每項活動擺放在適當位置。我個人覺得，視覺化的方法非常有用。別擔心這份清單是否完整，你只需要列出活動，然後思考每項活動對你來說有多新奇，和其他活動相比、釋放的多巴胺偏高或偏低。

　　一般來說，你投入愈多接近刺激程度圖下方的活動，內心就會愈平靜。

　　重新盤點你每天深受哪些超正常刺激所害，並留意這一天你的內心是否有股衝動，希望維持高度刺激。舉例來說，如果你正在處理一份無聊的試算表，你的電子郵件帳號是否也保持開啟、當成螢幕背景，好讓你持續遨遊在高度刺激中？如果你發現開會前還有幾分鐘空檔，會利用這個空檔滑手機嗎？你搭乘的航班沒有網路連線，歷經幾小時無法上網的飛行，在飛機落地後，你是否會想要利用手機反覆刺激多巴胺分泌？

　　你可以依據多巴胺分泌的多寡，將日常活動分類，經過幾次實驗之後，你可能和我一樣得到某些共同結論，例如：

- **不是所有刺激程度都一樣**。位在圖頂端的活動，多數都是在浪費時間，這些活動只會讓你分心、虛耗時間，我們往往會因為渴望刺激自己的內心，所以關注這些活動。這些活動通常是慢性壓力來源。位在這些活動下方的其他活動，則會讓我們的時間運用更有生產力、有意義，讓不同神經化學物質之間保持平衡。因此，位於圖下方、得到我們關注的活動，不僅能提高我們的生產力、讓生活變得有意義，還能帶給我們快樂和平靜。這些活動也會讓我們變得更積極主動、而不是消極被動。

- **爬升得愈高，就愈不想要降低高度。**多巴胺會讓人上癮，我們的大腦經過演化，天生渴望多巴胺，並將所有促進多巴胺分泌的行為都視為有利於我們達成目標的活動。[21]我們的心智喜歡更高程度的刺激：總會忍不住關注比我們正著手處理的事物還要新奇的活動，例如當我們正在處理一份試算表時，會注意到有新郵件進來。對我們來說，下降比上升還要困難。畢竟，一旦降低高度，也就意謂著我們必須放棄多巴胺。在這種情況下，自然會引發一股上升氣流。在現代世界，我們必須積極抵抗這股力量。

- **你的刺激程度長期下來可能已經逐漸升高。**你的平均日常刺激程度可能已經逐步升高，因為網路早已填滿你日常生活的各個縫隙。

- **圖中的項目並非靜止不變的。**圖中某些項目的刺激程度會逐年升高，因為一般來說我們身處的環境會變得愈來愈新奇、而不是愈來愈無聊。圖中某些項目的刺激程度在最近幾年可能會大幅升高，例如由個人化演算法驅動的社群媒體網站。長遠來看，數位超正常刺激與類比刺激之間的距離會逐漸拉大。

* **類比活動位在圖下方，數位活動則位於上方。**但不一定都是如此，如果你使用數位工具記帳，高度可能會低於欣賞百老匯音樂劇。不過一般來說，類比活動多半聚集在圖下方，數位活動則是接近圖上方。我們投入的類比活動通常有助於達成平靜狀態，但是數位生活以促進多巴胺分泌為核心，如果不夠小心謹慎，數位生活將會影響到我們的類比生活。這個主題非常重要，所以之後我會用單獨一章來說明如何更投入類比生活（請參考第7章）。

* **讓你感到刺激的事物不一定會讓你快樂。**當你思考每項活動的刺激程度時，你可能會發現，接近圖頂端和底部的活動會引發不同的感受。如果我要描述接近圖頂端的活動帶給我的整體感受，我會說「非常焦慮」、「空虛」、「逃避」。如果是接近底部的活動，我會使用「享受」、「滿足」和「平靜」等字眼。再說一次，這些活動會促進不同的神經化學物質分泌，所以才會引發不同的感受。

　　現在，請先把如何戒斷超正常刺激這件事當成是心裡的「開放迴路」，直到你讀完下一章的內容為止。我發現，必須進行某些實驗和研究，才能真正消除超正常刺激，這些超正常刺激如雜草般塞滿我生活中的所有縫隙。

　　現在，如果你決定開始描繪自己的刺激程度圖，務必要忍住衝動，不要對自己過度嚴厲。要記住，渴望投入會促進多巴胺分泌的活動是人類天性的一部分。描繪刺激程度圖能夠幫助我們看清問題所在，這是改變自身行為、讓我們變得更好的第一步。

放鬆的關鍵

> 只有保持積極活躍，會讓你想要活到一百歲。
> —— 日本諺語[22]

　　我在這一章（更別提整本書）花了大部分篇幅討論促使我們的刺激和焦慮程度達到新高峰的力量，其中包括慢性壓力、成就思維、貪多心態與超正常刺激。當你讀完整本書之後，我希望你會發現：我們追求錯誤的神經化學物質，卻希望藉此改善我們的生活、獲得平靜。這個神經學事實絕對比其他事情重要許多。

　　當數位世界變得愈來愈新奇和顯著，我們只會花更多時間在數位世界上，包括我們想要放鬆的時候。在這種情況下，我們運用休閒時間的方式不再像以前那樣有成效（假設你不是玩社群媒體長大的）。超正常刺激會讓我們更焦慮，更無法平靜；我們會覺得更有壓力，無法活在當下；我們的心理很難平衡，因為我們會把促進多巴胺分泌視為最重要的事。這些超正常刺激會導致我們只想消極地、而非積極地運用休閒時間。

當我們放鬆時，多半會有罪惡感，但是當我們剛開始學習適應較低的刺激程度，一定會有不舒服感受，我們也將這種感受標記為罪惡感。在追求平靜心的過程中，每當我們內心感到不安，就會使用不同標籤形容我們的心理狀態，例如無聊、煩躁、不耐和罪惡感，就看我們自己怎麼想。

這是尋求平靜的必經過程。

·　　　·　　　·

我看到超正常刺激透過無數種方式讓我陷入焦慮，因此我強迫自己退後一步思考、重新盤點，刻意努力運用休息時間，來找到讓內心平靜的方法。

我們必須運用休息時間降低刺激程度，才能重新獲得平靜。我甚至可以這麼說，**降低自己的平均刺激程度，正是休息的「目的」**。透過這種方法，我們才能妥善運用休息時間，讓內心保持平靜，而不是沉溺於未來只會變成隱性焦慮來源的行為習慣。我們可以適當地降低刺激程度，並一直維持在較低的程度，內心才能保持平靜。就如同煤礦坑裡的金絲雀，對我們來說，低空的氧氣含量比較高。

再看看刺激程度圖的下方區域，你可以在那裡得到滿足感和平靜。

能立即提供愉悅感的活動，或許會釋放較多的多巴胺。如果這個刺激無法立即產生愉悅感受，但同時釋放多種相互平衡的化學物質，反而會讓你感到更滿足，長遠來看，這樣也更能從容自在地深刻體驗生活。我們內心很容易被那些「刺激努力比」（stimulation to effort ratio）偏高的活動吸引，但這種傾向會加深我們的焦慮。如果能抵抗這種衝動，就能提升內心的平靜程度。

當我們在醉心地看著營地的火焰，或是懂得留意生活中的小事，早上上班通勤時留意到沿途樹木的顏色變化，看著太陽剛從地平線冉冉升起，都能感受到平靜。當我們日常生活的平均刺激程度愈低，就愈能輕鬆地品味當下。

在刺激程度較低的區域花更多時間，可能是尋求平靜旅程中最有挑戰性卻最有意義的事情。歷經漫長的一天之後，我們需要尋找出口、讓自己放鬆，我們卻被超正常刺激吸引，導致內心的刺激程度一直維持在相同高度，像是沉溺於電動遊戲、社群媒體、喝酒、上網血拼、隨意瀏覽網路。

如果你真的希望自己徹底放鬆，就應該下調刺激程度。

雖然我在追求平靜的過程中花上一番力氣，但最終還是找到方法降低我的刺激程度，並找到其他活動替代那些行為習慣（我會在後面幾章詳述）。因為這段旅程，我開始實行某些人所說的「多巴胺斷食計畫」，這就是我接下來要說的故事。

　　這個想法聽起來或許很像是一個噱頭，但是卻能有效幫助你獲得平靜。

第 6 章

戒斷刺激

　　就在我的尋求平靜之旅屆滿一年後，雖然遠離超正常刺激不是那麼容易，但是尋找平靜的使命進展得非常順利。我找出引發焦慮的問題根源，包括成就思維、貪多心態以及超正常刺激等等，這些因素導致我承受不必要的慢性壓力，任由多巴胺分泌主宰我的生活。我運用前面和大家分享過的各種方法，逐步減緩我的焦慮、控制過勞，讓自己更投入，消除清單上許多慢性壓力來源。[*]

　　我持續探索與尋求平靜有關的研究，很快就發現另外兩個啟發。

　　第一，控制可預防的慢性壓力來源，能讓我們在尋求平靜的過程中持續前進，但是我們也必須應對**無法**預防的慢性壓力來源，這件事同樣重要。無法預防的慢性壓力來源就和可控制的壓力來源一樣多不勝數。此外，我們的大腦終究不會知道（或在意）哪些壓力來源可預防，哪些不可預防。但是，這兩種來源同樣會失控。

　　必須培養一些行為習慣，讓我們不會因為面臨無法預防的壓力而驚慌失措，這點很重要。幸運的是，只要我們在生活中採取適當的紓壓策略，就不需過度擔憂許多無法預防的慢性壓

---

[*]　我說「各種方法」，原因是我並沒有依照時間順序分享我的故事。在設定這本書的架構時，我是根據我在追求平靜的過程中哪些技巧真正讓我有所進步，而不是依照我個人發現這些技巧的時間順序，我希望這種編排方式能讓這本書更實用。

力。這些壓力依舊存在，只不過我們具備新的能力，有辦法應付這些壓力。

　　第二個啟發同樣很重要：我們需要特別努力，處理**最棘手**的壓力來源，也就是我們覺得太誘人、難以抵擋的超正常刺激。最可怕的超正常刺激會利用我們大腦的特定天性，吸引我們內心上鉤。就好比說，你一整天都得要努力抵抗櫥櫃裡美味可口的餅乾；同樣的，光靠意志力很難抵抗超正常刺激，需要做出結構性的改變。

　　下一章我們的重點會放在無法預防的壓力。而這一章我們先聚焦**可以**預防的壓力，控制那些不論你多奮力抵抗，仍反覆出現且異常棘手的超正常刺激來源。

壓力的流動

　　與壓力有關的科學研究顯示一項有趣的事實：長期下來，壓力會在我們**內心持續累積**。如果我們沒有舒緩壓力帶來的內在高壓，並時常釋放這些壓力，只會讓壓力不斷累積。

　　現在花一秒鐘時間想像，你面前擺放一個堅固、經過加壓的鋼鼓，另外有一支輸送管插入鋼鼓中。輸送管的設計只為了一個目的：將加熱水蒸氣輸入鋼鼓中。當水龍頭轉至開啟位置，鋼鼓便會充滿水蒸氣。如此一來，鋼鼓內部的壓力就會升高。

　　你可能已經猜想到，就以這個比擬來說，堅固的容器就是你的內心（和身體），水蒸氣就是壓力。

　　若想要具體想像壓力會產生什麼效應，以及慢性和急性壓力有何差異，這個比擬非常有用。急性壓力是暫時的，但還是會把水蒸氣輸送至鼓中，也就是說，即使只有一丁點壓力，我們還是會感受到壓力增加。如果生活中**只**存在急性壓力，我們自然而然會採取有助於紓壓的策略，如果用適當（或許老調）的比擬，這就相當於釋放一些水蒸氣。我們的生活一如往常，我們每天都會從事一些活動，讓自己放鬆、釋放壓力，例如收聽podcast、讀書、運動和度假。

　　但是相反的，現在的我們持續將慢性壓力注入鋼鼓中。當我們感受到愈多慢性壓力，就相當於注入愈多水蒸氣，累積更多壓力。如果我們承受的慢性壓力維持平均水準，例如來自於工作要求、管理家務或是煩惱財務問題的壓力，我們可以應付自如。長期而言，我們會釋放足夠的壓力，雖然我們還是會感受到壓力，但是依舊能專注當下。尤其是造成壓力的原因是為了追求生活目標，或是為了努力符合我們的價值觀。但是，一旦增加太多不必要的壓力，例如衝動地瀏覽網路新聞、社群媒體、網站和App，壓力會開始以超乎我們釋放的速度快速累積。一旦時間拉長，我們就會更接近個人的過勞門檻。

　　如果你曾感受過我前面提過的壓力負面效應，例如過勞和焦慮，你可能就和我一樣，因為壓力持續累積、無處宣洩，所以才會感受到那些負面效應。

你什麼事也沒做，你的壓力鼓開始震動。這是**焦慮**。

很長一段時間你什麼事也沒做，你的壓力逐漸累積，直到你的鼓爆開來。就已經**過勞**。

這時候，你或許已經別無選擇，只能撿起碎片，重新來過。

但是我們很幸運，鼓面上有排氣閥，有助於平衡我們的內心。這些技巧能夠釋放水蒸氣，降低皮質醇，這樣壓力就不會過度累積，引發反面效果。

・　　　・　　　・

接下來我要請你很快反思一個問題：你新增的壓力是否比減少的壓力還多？

我承認這不可能真正計算出來，你可能甚至不知道答案。但是，如果可能的話，盡可能大略估算你的情況。

透過這種方法，我們可以將管理壓力的行為看作是「流動優化平衡」（flow optimization equation），這可是冒著讓人以為我是個傻子的風險說的。*如果有太多壓力流入我們的生活中，我們的鼓就會開始發出咯咯聲，如果壓力持續累積、無處釋放，等到某個程度，我們的鼓就開始破裂。

_____

*　或許在這本書說出這段話為時已晚。

如果流入我們生活中的壓力大致與流出（我們釋放的壓力）相等，我們會感到快樂、精力充沛和全心投入。

但是，壓力不足也會有問題。回想一下，位在生產力光譜缺乏動力那一端的人們：如果流出的壓力比流入多，你可能需要找到**有價值的**壓力來源，包括接受新挑戰，以免你同樣也感覺缺乏動力。要記住：好的壓力，通常被稱為良性壓力（eustress，相反的則是惡性壓力〔distress〕），會讓我們的生活長期充滿出乎以料的樂趣和意義。

如果你和我一樣，流入的壓力比流出多，就一定要找到方法釋放過多的壓力。

為了讓大家知道可以怎麼做，接下來我要分享自己進行另一項實驗的故事，多數人將這個實驗稱為「多巴胺斷食」。如果你覺得還有一些促使多巴胺分泌的壓力來源沒有被消除（因為某些原因你無法抗拒這些壓力來源），那麼多巴胺斷食這個技巧對你可能會非常有幫助。

在這過程中，我們會重新與有助於接近平靜狀態的化學物質建立連結。

多巴胺斷食

雖然我對於平靜、焦慮和過勞等主題已經累積許多心得，但是在我為這個計畫進行研究的過程中，還是覺得很焦慮、坐立不安。自從之前在講臺上焦慮發作之後，我嘗試許多尋求平靜的策略，但是焦慮仍然持續存在，原因很明顯：我無法消除超正常刺激的慢性壓力來源。像是推特、Instagram 和新聞網站等超正常刺激，它們讓我感到疲憊、憤世嫉俗、沒有生產力。在當下它們是蜜餞；雖然甜味可口，卻帶有極度苦澀的餘味。

不出我所料，我在前一本書也曾提過，如果我工作時沒有啟動阻擋軟體，就會成為分心的犧牲品。即使是下班後，我還是沒辦法控制自己。有幾天晚上，我寧可花幾個小時投入這些慢性刺激來源，只是我不願承認。

我必需要做出讓步。

·　　·　　·

之前我曾提到，討論體內的神經化學物質時，通常有必要做一些簡化。討論神經傳導物質時也是一樣，包括多巴胺在內。

多巴胺會促使我們對超正常刺激上癮，但這個化學物質不全然是不好的。多巴胺可以提供我們動力，促使我們以長遠眼光合理思考，甚至是支持我們身體的例行運作，促進血管、腎臟、胰臟、消化系統和免疫系統功能正常運作。過度沉溺於多巴胺會讓我們變得焦慮、缺乏生產力；但是缺乏多巴胺，我們也無法生存。

因為有非常多人發現無法擺脫被多巴胺支配的命運，

許多人轉而實行多巴胺斷食（有時候被稱為「多巴胺戒斷」〔dopamine detox〕），也就是在預定的期間內，戒除所有受到多巴胺驅動的行為，努力讓我們的心理恢復平衡。「多巴胺斷食」的名稱其實有些用詞不當，我們不可能像戒斷碳水化合物那樣徹底戒除多巴胺。

但是，我們**可以**遠離那些促使我們輕易對多巴胺上癮的刺激性習慣，那些行為的主要目的就是升高體內的多巴胺濃度。透過這種斷食方法（認為應該稱為「**刺激**斷食」，而不是多巴胺斷食），戒除所有被這種化學物質激發的衝動行為，同時將不再對我們有用的神經路徑，從我們的大腦內徹底抹除（接下來我會以刺激斷食稱呼這個實驗）。

在我開始追求平靜一段時間之後，我決定連續一個月盡可能遠離愈多的人工刺激愈好，試著努力安頓自己的內心，也避免生活中累積太多慢性壓力。我的目的是以一種可長久維持的方法降低我的刺激程度。

一開始我列出仍存在生活中的超正常刺激清單，同時思考至今還沒有被消除的頑強慢性壓力來源，包括即便我心裡不想、卻還是全心投入的壓力來源。接著制定計畫來消除或降低我被這些超正常刺激分心的頻率。我努力消除的分心幾乎都來自不必要的忙碌。

有些刺激與工作有關，有些則是牽涉到個人因素；有些來自數位世界，有些來自類比世界；這些都不重要。我盡可能列出所有受到多巴胺驅使的刺激性事物，然後設定必須遵守的基本規則，盡最大努力事先預料可能的阻礙。

在類比世界，我把酒全部丟掉（酒會刺激大量多巴胺分泌），不再叫外送食物（這些高度加工的食品是我的解悶良方），然後小心留意，不讓自己暴飲暴食，尤其是面對有壓力的情況時。

你或許已經猜到，我消除的壓力來源多數來自數位世界。消除這些壓力來源的感覺異常清爽。首先，我在那個月刪除所有新聞網站，包括《紐約時報》（*New York Times*）、CNN、*The Verge*和《環球郵報》（*The Globe and Mail*）。我在手機和電腦上安裝一款名為「自由」（Freedom）的阻擋軟體，避免我造訪這些網站，即便我想也不行，此外我刪除手機裡有問題的 App。我也順便暫停使用社群媒體，包括推特、Instagram、YouTube和 Reddit。除了一個例外：我會在 YouTube 網站觀看瑜伽和運動影片，以及我最喜愛的兩位科技 YouTuber 製作的影片，我是真心很喜歡他們的影片，從來都不是衝動觀看。

我也會少用即時訊息，限制自己每天只能查看三次文字簡訊和其他即時訊息。為了達到這個目標，我一定會關閉通訊App 的顯示通知功能，但是 App 圖示上的數字標記依舊保留，因為當查看時間到了，我一眼就能看出是否有新訊息需要處理（這也能幫助我推估什麼時候會累積足夠訊息，方便我決定三次查看的時間）。

我也限制自己一天只能查看三次電子郵件。這是這個實驗最難執行的部分。為了幫助自己達成目標，我開啟自動回覆功能，讓大家不要期望我會立即回信。由於有阻擋軟體幫這個實驗設定界限，所以我的計畫確實能奏效。

另一方面，我也努力控制自己，不要接受可以證明自己或提升自信心的數位刺激。這一個月我不會去關注毫無意義的指標，包括查看每星期賣幾本書，或是有多少人造訪我的網站、下載我的 podcast，或是訂閱我的電子報。

隨著實驗持續進行，我也發現，另外設定一些生活和工作規則，也會非常有用：

- 如果我想要看電視、電影、或是串流網站上的內容，我必須在 24 小時之前決定，避免自己衝動行事。
- 如果我想要傳訊息給某個人，不論是透過電子郵件或是文字訊息，我會把訊息內容存放在電腦裡的文字檔案裡，所以我的電腦裡儲存大量的文字訊息、電子郵件和即時通訊草稿，等到下一次我可以與人聯繫時再寄出去。如此一來就可以由我主動決定與人互動，其他人不能隨意在任何時間打擾我。
- 如果我要在網路上買東西，在造訪網站之前我必須知道自己想要什麼，所以我不能進行網路「櫥窗購物」（window-shopping）。

　　我努力縮減（或是消除）生活中的數位刺激，同時開始投入有助於平衡化學物質釋放的活動，取代原本的活動。（如果你正在尋找幫助自己達成平靜、取代原先讓你分心的替代活動，那麼你很幸運，我會在下一章說明該怎麼做，那些策略能幫助你吸收部分壓力。）這樣就能避免我的行程表出現空檔，之前我常會在這些空檔做出容易累積壓力的習慣。

專注當下的化學物質

　　在說明實驗進展之前，先向將陪伴我們這段平靜之旅的角色再打聲招呼，也就是促使我們專注當下的化學物質：催產素、血清素和腦內啡。當你閱讀這段內容時，這三種化學物質正在你的大腦和體內流竄，讓你能好好生活，有效處理你正在閱讀的資訊。和多巴胺一樣，你的大腦和身體會釋放多少催產素、血清素和腦內啡，與你的遺傳及你一整天投入的活動類型有關。在改變受多巴胺驅使的習慣時，我想確認我花時間從事的活動，確實能讓上述這些平靜化學物質達成平衡。

　　如果你讀過許多暢銷的心理學書籍，或許早已聽過這些神經傳導物質的名字。它們的名稱和運作機制雖然有趣，但並不是我們要討論的重點，我們關注的是它們會如何影響我們的感受。簡單來說，這些化學物質讓我們能活在當下、感覺快樂、與人有連結。

　　首先，**血清素**會讓我們覺得自己很重要、心情愉快（像是達成新的減重目標或是完成某些我們一直在進行的工作）；**腦內啡**讓我們覺得亢奮（像是運動時會進入的狀態）；**催產素**讓我們感覺與其他人連結（像是收到訊息或是與伴侶擁有親密相處時光）。[1]這些化學物質以及多巴胺、皮質醇（我們體內主要的壓力荷爾蒙）等其他化學物質，共同決定我們在特定時刻會有什麼感受。

　　不太會受到多巴胺驅使的那些活動，會促使這些化學物質各以不同的濃度分泌。

　　舉例來說，收到訊息會刺激**催產素**分泌；任何有肢體接觸的友好行為也會釋放這種化學物質。同時間釋放的其他化學物質只是附加的紅利：收到訊息時，我們血清素和多巴胺濃度會升高，皮質醇濃度降低；在這種情況下，你會感覺與人連結、心情愉快、比較沒有壓力。同樣的，參與志工活動也會提高血清素濃度，同時刺激催產素分泌，因為參與志工活動會讓你感覺與他人產生連結。當然，花時間與心愛的人相處在一起，也是增加催產素分泌的好方法。

　　任何讓我們在肢體上或情緒層面感覺與其他人有連結的活動，都會刺激催產素分泌，而讓我們感覺引以為傲的活動，則會刺激血清素分泌。我們感覺自己比其他人優越時，血清素也會升高；表面上看來，這似乎是一件壞事，它也的確有可能變成壞事。我們有部分思維會拿自己和其他人比較，看看結果究竟是如何,這部分的思維會想要知道每個人從事什麼樣的工作維生。不過撇開追逐地位不談,血清素會讓我們感到快樂、自在。如果希望刺激血清素分泌,可以列出成就清單,在我實行多巴胺斷食時就有這麼做,提醒自己每天的努力得到哪些成果。我們也可以在感覺自己在小領域裡有影響力時刺激血清素分泌,提醒自己已經擁有許多引以為傲的事物。基於這個原因,如前面提到的,想要提高血清素分泌最好的方法就是當志工。我們會感覺自己很重要,因為見證自己創造了改變。血清素也會保護我們不受到皮質醇產生的負面效應所影響。[2]有趣的是,血清素通常被稱為「感覺良好」(feel-good)的化學物質,我們體內的血清素絕大多數來自腸道(我們會在下一章探討食物與平靜的關係)。

至於**腦內啡**,每當你感到身體疼痛、大笑或流淚時,身體就會釋放這種化學物質。伸展肢體也會刺激腦內啡分泌。在我實行多巴胺斷食期間,我沒有花時間重看電影《手札情緣》(*The Notebook*)或是重讀《時空旅人之妻》(*The Time Traveler's Wife*),但是我空出大量時間運動,花更多時間和能與我一起放聲大笑的朋友相處。如果你開始實行刺激斷食,一定要大量運動,不僅會促進腦內啡分泌,也會促使多巴胺分泌。在實行刺激斷食之初,體內的多巴胺濃度驟降時,這可以讓你的心情變好。此外,運動也能刺激內源性大麻素(endocannabinoid)分泌,讓我們感到平靜、放鬆,例如我們會進入「跑者嗨」

（runner's high）的狀態。另一個刺激當下化學物質分泌的方法就是做愛。根據研究，和戀愛對象的親密時光最讓人感到愉悅，沒有其他任何事情能比得上。[3]

多巴胺也很值得討論，因為它與平靜有關。再次重申，引發多巴胺分泌的來源很重要。如果生活主要受到多巴胺驅使，就會讓人覺得缺乏意義。在實驗期間，我發現自己還是會投入那些釋放多巴胺的行為，但是我會確定多巴胺來源不會造成負面影響。我花很多時間規畫和從事創意工作，這兩種行為都需要大腦的多巴胺系統支持。任何困難或需要花費心力的活動，確實會促使多巴胺分泌（只是比更簡單的活動分泌少一點）。多數人的日常生活中都已有許多類似的活動，不需要額外尋找。脫離來自刺激的多巴胺，替換成來自全心投入的多巴胺，這對你的心理健康來說會是最好的改變。

這裡要記住一點：**任何能夠幫助你享受當下的活動，都能讓你感受到更深刻的平靜**。因此，會讓你更投入、更有生產力、更滿足。

如果你空出時間從事這些活動，卻還是感覺不舒服，你可能需要藥物協助來找到平靜。這也沒關係。醫療建議不在本書的討論範圍內，因此如果你嘗試過這些做法之後，還是覺得需要幫忙，一定要和精神科醫師聊一聊。如果在你戒斷極端的刺激多巴胺習慣（例如藥物濫用）時出現嚴重戒斷症狀，那麼在實行多巴胺斷食前，務必取得醫師指示。

一些有趣的啟發

簡單來說，刺激斷食可以視為一條捷徑，讓你的內心重新取得平衡、重新啟動。

開始進行實驗之後，我的第一個發現是：我花太多時間在毫無意義的忙碌活動，衝動查看手機、無意識滑手機和麻木點擊手機。只要減少查看，馬上就能空出許多時間用在有助於內心平衡的活動。我採取下一章提到的策略，花更多時間接近大自然、更常運動、烹調有趣又美味的餐點（包括我太太至今依舊津津樂道的殺手級天使蛋糕）。我也更常冥想，根據《欲望分子多巴胺》作者李伯曼的說法（我們在前幾章有提到過他），這是活化「當下網路」的好方法之一。[4]我花時間學習、閱讀更多書；在數位世界，我聽更多有聲書和podcast，參加線上課程。為了和其他人建立連結，我花更多時間做志工，和朋友出去玩，當然還有煩擾我太太。我也投入許多與創造力有關的活動，如參加即興表演課程、繪畫、學習彈鋼琴。至於工作方面，我有更多時間寫作、搜尋研究報告，與人進行訪談，藉此發現更多與平靜有關的想法。我不去在意能即時帶來愉悅和刺激的事物，只關注真正有生產力且重要的事物。

我靠著研究時間管理賺取收入，因此當我發現自己竟然多出這麼多自由時間，覺得很不可思議。我們總是告訴自己，我們沒有什麼自由時間，但是我們擁有的時間絕對超乎想像的多。我們會投入許多有意義的體驗，在這些體驗之間的空檔也會短暫分心，如果把這些分心時間加總起來，結果也是相當可觀。

我們其實有時間投入讓內心平靜的活動。但實際情況是，我們沒有**耐性**去適應刺激程度更低的活動。

刺激斷食等於是強迫自己保持耐性，讓刺激程度維持在低點。我驚訝地發現這個實驗很快就能看到成果，只需要幾天的時間。或許與你的預期相反，這個實驗其實可以很有趣，尤其如果能事先決定選擇哪些活動來取代最刺激的行為習慣的時候。這個實驗確實是一大挑戰。但是，全心投入有意義的平靜活動時，你幾乎不會注意到內心正逐漸安定下來。（我認為用一個月進行這類的斷食實驗很合理。不過你可能會感覺時間有點長，但是實驗的主要目的是創造長期改變，正因為如此，拉長時間會有幫助。你可以自行調整，找到最適合你的時間長度；如果你的生活很少圍繞著多巴胺打轉，或許不需要花太長的時間重新調整生活。）

　　除了多出額外的自由時間，我發現我專注在更有成效的事情，我的工作時間就變得更有生產力，我的個人時間也變得更有意義，效果立見。斷食第一天，到了休息時間，我發現自己沒有瀏覽新聞，而是重新整理桌上的收據，這些收據已經被堆在桌上一段時間。工作結束後，因為我不能再用iPad瀏覽新聞動態，如果我想要讓自己有事做，就必須找到更好的替代活動，像是打電話給朋友，或是投入品味清單上的活動。我腦中仍會考量時間的機會成本，所以選擇變少了，但是留下來的選項都是能提高生產力又有意義的活動。又一次輕鬆的勝利。

　　短短幾天內，我的活力也因此提高不少。我相信，發生這樣的結果背後有兩個原因：首先，我開始培養能讓內心更加平衡的行為習慣。我比以前更快樂、更投入，也有更多精力去應對每一天。第二，我不再反覆查看某些網站，不讓我的內心累積更多慢性壓力。就在我努力做出改變之後，幾乎立刻看到成效：開始實驗後的第二天早上醒來後，我不會不假思索用手機查看電子郵件、花幾分鐘才發現自己在做什麼；相反的，我從床頭櫃抽出一本書，花10到15分鐘閱讀。當到必須處理電子郵件的時候，我也不會反覆閱讀同一封信件好幾次，然後才開始回信：我限制自己只能查看三次，然後心平氣和地回覆收到的信件。

　　實驗滿一星期之後，我決定重新恢復每星期查看業績的習慣，檢查指標包括書籍銷售與演講邀請。我想，這樣做依舊符合降低刺激程度的實驗精神，同時又不至於自欺欺人，忽略重要資訊。這招果然奏效，而且出乎意料：我不再只看到短期的統計數據變化，而是以更宏觀的角度觀察事業的整體趨勢發展。

當你衡量生活中的任何指標時，也應該採取同樣的態度：愈不常去查看數字，愈能夠後退一步，以更宏觀的角度去衡量。擺脫原本的行為習慣，才能看到全貌。例如，你可以每天、而不是每小時查看投資帳戶，這樣才能看到整體投資績效的趨勢變化，不會因為一天的波動而反應過度，只要拉長時間，這些短期波動都會變得和緩。如果你帶領一個業務團隊，你只需要每週收到最新業績報告，而不是衝動地不停查看團隊銷售平臺的數字，這樣就能區分短期波動和長期趨勢。如果你負責經營公司的社群媒體帳號，你不需要知道每位新增加的粉絲是誰，你應該後退一步，觀察整體的趨勢變化，或許你會發現，長期看來你的粉絲正在**流失**。

你愈是能後退一步觀察，就愈能以宏觀角度觀察到真正重要的訊息。

· · ·

奇怪的是，幫助我以更宏觀角度看待事情的另一個方法，與我在網路上吸收的資訊有關。網路是很兩極化的地方，就像YouTube網站上最小眾的影片，強烈的意見反而容易在社群媒體獲得演算法獎勵。畢竟那是最新奇的意見，最能吸引人們在社群媒體 App 裡互動、花時間瀏覽。當我不再像以前那樣頻繁瀏覽新聞和社群媒體後，我的慢性壓力也隨之減少，因為我不會經常接觸具威脅性的資訊。數位世界之所以讓我們產生慢性壓力的另一個原因是，它會擴大我稱之為**擔憂範圍**（surface area of concern），也就是我們定期留意的事件數量。

在廣播、電視和網路出現之前，我們必須訂閱報紙，得知生活圈（以及我們在乎的人的生活圈）之外的世界發生哪些大事。不過，我們很少會因為那些不會直接影響我們的事件感受到慢性壓力。並不是說我們**沒有**壓力，而是說我們很少會去擔心在掌控範圍以外的事。

擔憂範圍擴大本身並非是壞事。知道不好的事情發生，會讓我們開始行動，想辦法事情變得更好。此外，對其他人抱持同理心，正是身為人類的美好面向。不過這些擔憂都會引發焦慮，特別是新聞消費的部分。新聞幾乎壓到性都是負面消息，只因為我們更關注負面訊息。有項研究發現，負面新聞報導會讓我們情緒變得更激動、更全神貫注、更會衝動做出反應，甚至**生理層面**也是如此。（同樣的研究顯示，正面新聞沒有顯著效應。）[5] 當我們看到負面報導，我們更有可能點擊、收聽和訂閱。另一項研究分析加拿大雜誌《麥克林》（*Maclean's*）每週在書報攤的銷售數據，結果發現負面的封面故事銷售量比正向的封面故事**多出 25%**。[6] 換句話說，購買者會**選擇**負面新聞而不是正面新聞。當我們吸收資訊時，我們的負面偏誤（negativity bias）會主導一切，因此我們會感受到更多慢性壓力。我們會被那些讓我們感覺**更糟**的新聞吸引。這種傾向值得留意，尤其是在高壓時代，也就是高比例的人口有可能過勞的時候。因為憤世嫉俗正是過勞的核心特徵之一，在這種狀態下吸收資訊，只會扭曲我們對於全球事件的看法。記住你的內心存在負面偏誤，我們每經歷三件好事，才遇到一件壞事。

如果發生的事件與你的生活無關，或是不會影響你在乎的人或是服務的社群，通常就不值得關注，特別是在你掌控範圍之外的事件。刻意少瀏覽數位新聞，有助於縮減你的擔憂範圍，減少接觸慢性壓力的機會。透過這些方法，你就能退後一步，不僅有助於穩定自己的內心，同時又能與你關注的議題保持連結。

不僅如此，我還發現另一個好處：我能**快速**降低刺激程度，而且我的內心並沒有像我原先預期的極度反抗這件事。進行實驗時，我一直記得要找到其他替代活動，因此我重新設定我的心理刺激偏好。研究顯示，如果我們時常接觸超正常刺激，就不會覺得新奇，當我們變得不那麼敏感，就會更常接觸刺激來源，尋求更新奇的刺激。[7]但是謝天謝地，因為你有一段時間沒有接觸最刺激、讓你分心的事物，即使愉悅的感受較少，還是覺得很滿足。

當你減少糖分攝取時，一開始也許會覺得很痛苦，但是短短幾星期內，你的味蕾就會重新調整，對你來說，一顆成熟的桃子可能和一碗彩虹糖一樣美味。刺激也是同樣道理。如果你發現很難品味生活中的小事，你可能需要降低刺激程度。

超正常刺激之所以讓人變得麻木，主要原因是大腦內部的獎勵路徑是針對匱乏（scarcity）的世界所設計，而非富足的世界所設計。在人類過去的演化史中，不像現在可以無限取得多巴胺。富足本身不是一件壞事，但是我們的大腦卻會以負面方式**回應**這些新奇的刺激。如果我們長時間頻繁投入促進多巴胺分泌的行為習慣，大腦就會釋放愈少多巴胺做為回應。在這種情況下，一開始覺得有趣的刺激，到最後反而會讓我們變得麻木。就好比沉迷於色情內容的人，需要看到愈來愈新奇的內容，才能感受到同樣的衝動，消費社群媒體、新聞、甚至高度加工的垃圾食物的人也是一樣。

如果某樣東西很稀少，大腦就會認為這樣東西很有價值。如果某項東西供應充足，大腦一開始會期待，之後又會回復到先前的快樂基準，這就是**享樂適應**（hedonic adaptation）的現象。

這個概念也同樣適用於品味。如果我們擁有某樣東西的數量愈少，我們享受就**愈多**。匱乏會使得體驗更有價值。想一想你現在正在吃美味的肉桂捲：每一口的享受不盡相同。很可能吃第一口時覺得最興奮，因為感受最新奇，中間的享受感開始下降，**最後**幾口又開始回升，因為你就快吃完，大腦發現不妨好好享受一下。許多研究都證實這個現象。有一項研究顯示，參與者收到的巧克力數量如果比預期的要少，「相對於（被告知）收到更多巧克力，但其實收到的巧克力數量相同的對照組，他們吃巧克力的速度會變慢、更會小心觀察這段體驗，滿足程度也比較高。」[8]在另一項研究，參與者連續一星期不能吃巧克力，一星期之後每當他們多得到一片巧克力，就會覺得更享受。[9]這就是匱乏效應的實際應用。這也是為什麼聰明睿智、身價超過1,000億美元的傳奇投資人華倫·巴菲特（Warren Buffett）會剪下優惠券，選擇住在他於1958年以31,500美元購入的老房子，如今這棟房子大約價值25萬美元。[10]他很可能已經想到這一點。正如同他所說的，「如果我認為我在另一個地方會更快樂，那麼我會考慮搬家。」

我們會習慣我們喜歡的事物，富足不一定能帶給我們享受的樂趣，特別是針對促進多巴胺分泌的超正常刺激而言。

在我開始進行實驗後不久，每天早上看報紙都讓我特別開心，這也是我唯一的新聞來源。有時候當我聽到生活中認識的人聊到前一天某則新聞報導，隔天早上我都會迫不及待跳下床走到門口拿報紙，看看有哪些最新新聞。就好比說，最好的減重方式就是在餐前讓自己感覺有些飢餓，品味的最好方法就是在你享受某樣東西之前，抱持某種預期感。雖然早報的新聞都是幾小時前發生的舊聞，但是我發現，自從每天早上保有這段閱讀時空之後，我不再像以前那樣容易過度反應，能夠以更宏觀的角度看待真正重要的議題。

在一個月的進展中，我沒有花太多時間投入能立即給予獎勵的刺激，這個實驗不僅與多巴胺有關，同時與深度有關。我特地保留一些時間給數位世界，重看好多年沒有看的舊網路漫畫，我還是和以前一樣笑到不行。後來到了實驗中期，我太太和一群朋友出去，我發現自己一個人躺在沙發上，覺得百般無聊，我已經很長一段時間沒有這種感覺。於是我打開 iPad 的照片 App，開始重溫幾年前的照片，那時我第一次從家裡搬出來，開始自力更生。我太太當時還沒有走進我的人生，我就住在城市義大利區某間空間狹小、裝潢簡陋的公寓裡。看著這些照片，我開始懷念以前的時光，當我品味過去時內心充滿懷舊之情，以前從未有過這種感受。這也讓我有空間反思自己的失落感有多深，以及我是如何帶著渴望的目光回望過去、反思過去。當我們從後照鏡回顧自己的人生，我們看事情比原本更直接，也更能看清我們的人生敘事究竟如何展開。

也就是在這時候，我腦海裡突然閃現一個簡單的想法：當我看著那些老照片時，我的內心對舊日時光充滿渴望，但是我意識到，我並非渴望過去擁有的生活，而是渴望能像過去一樣，以相同的方式和我的生活**建立連結**。我不想住在裝潢簡陋、專門給單身漢住的公寓裡：我想要的是平靜，我希望生活更簡單，遠離平靜光譜上焦慮的那端。我看著舊照片，然後和其中幾位朋友聯繫，每個人都很高興接到我的電話。能夠和他

們透過電話互動，而不是透過那些誘使我們相互交換多巴胺的
App，這種感覺真的很棒。當太太回到家，我給了她一個大大
的擁抱，感謝生命裡有她的陪伴（也很感謝她知道如何裝飾家
裡的牆面）。

我們很容易會渴望過去，看待現況時卻又把事情想得比原
本還要複雜，只因為我們並沒有採取正確的觀點。這其實很合
理，要抽離當下是最困難的。所以這種懷舊感受是好的，這是
一份難得的禮物，讓我在實驗期間能夠與過去重新產生連結。

如果我打開推特，就不可能與這些記憶重新產生連結，也
不可能體驗這些意外收穫的時刻，或是用這種方式回顧過去。
更不用說，後來我開始懂得品味當下。當我在這些有意義的時
刻之間保有更多時間和注意力，我的內心就會更常留意那些即
將發生，而且是我非常期待、覺得興奮的事件。我也更能夠用
心品味這些事件。

老實說，我沒有想到這個實驗的效果這麼好。所謂的刺激
斷食聽起來就像是個噱頭，但是這個做法確實帶來顯著的改
變。在這段期間，隨著時間推進，生活中毫無意義的瞎忙情況
逐漸減少。我開始感謝刺激斷食如何讓我擁有更多之前我提到
的要素：時間、耐性、生產力、意義、觀點、平靜和深度。我
也擁有更多回憶，因為我可以用心品味時時刻刻發生在我眼前
的事件。

但不只是因為我可以細心體會發生在我生活中的事件。當

我的內心安定下來、重新與平靜連結之後,我就會對眼前發生的一切保有耐性。

噢,天啊,這是多棒的一份禮物。

但是,在實驗期間並非天天都是陽光普照、天天出現彩虹,老實告訴你,如果你決定要進行類似的實驗(你應該要去做),在頭兩個星期,過去時常出現的強迫行為需要時間慢慢消失,它們會為你做到的。一開始,你可能會發現你的心靜不下來,一直想要分心做其他的事。你可能會發現許多促使你想拿起手機的線索,例如有壓力的情境、尷尬的時刻、或是有些無聊的感受。盡可能留意所有線索,別忘記坐立不安是必經的過程。之所以感到坐立難安,是因為你內心要開始平靜下來。

在這過程中,可能會遇到從沒想過的難題,這完全可預期,你需要隨時調整。我發現,每當我解鎖手機時,就會習慣性地查看新訊息通知,所以後來我把手機放在另一個房間。在我第一次刺激斷食接近尾聲時,我和太太買了一棟房子,就跟交通警察一樣有太多令人抓狂的事需要處理;在成交前,得要不斷和驗屋員、仲介、律師來回溝通。(我刻意有目的地設定某個時段為「溝通模式」,所有與房屋溝通相關的瑣事都集中在這段時間處理,其餘時間我就能徹底擺脫買房的瑣事,更專心處理其他事情。)在特別漫長的一天結束之後,難免有衝動想要叫外送、查看指標或和太太喝一杯。但是這些干擾是可以克服的。如果你能從事其他替代活動,絕對會大有幫助。很開心告訴你，那一個月我只有一次禁不住誘惑，當時我為了某一本著作接受幾次訪問，文章刊出之後，我忍不住去查看書籍銷售數字。

這個實驗最終成果豐碩，可以輕易說我成功了。

實行刺激斷食

你可能已經蒐集不少資訊，知道規畫刺激斷食的步驟很簡單；比較有挑戰的部分是後續行動。在第一次斷食結束後，我又實行了幾次斷食，每次都是因為超正常刺激又悄悄滲透我的生活。你可能也會面臨相同情況。因為那些讓我們分心的事物會利用我們的神經連結，所以需要留意自己是否愈來愈常分心。關鍵仍是細心覺察：時常檢查刺激又讓人分心的事物是否重新出現在生活中，是從什麼時候開始的。如果可以的話，空出一個月或是幾星期，再一次戒斷讓你分心的事物。

當你開始實行刺激斷食計畫時，以下是我提出的建議：

- **找出會刺激多巴胺分泌的活動以及讓你分心的事物，然後徹底戒斷。**仔細檢視你的類比和數位生活，感受一下哪些活動消耗你最多時間和注意力，哪些分心來源會耗費你最多精力。列出你想要戒除或是減少的所有活動，同時間，處理你的壓力庫存中會刺激多巴胺分泌的習

慣。你一定要根據個人的生活模式調整實驗，以務實的
態度思考自己可以避開哪些分心來源。如果你發現自己
常禁不住誘惑，很難抵抗那些容易激發多巴胺分泌的分
心來源，那麼你的斷食計畫就必須設定具體界限。你可
以在電腦上安裝阻擋軟體；刪除手機上讓你分心的 App
（或是換成長度更長、更容易忘記的新密碼，如果你忘記
就要重新設定才能登入）；或是請求你的伴侶，在實驗期
間成為你的問責夥伴（accountability partner），或者更
好的做法是，和你一起進行實驗。

- **找出和投入更全面性的活動**。這一步是關鍵，你要用短
期的急性壓力來源，替代最大的慢性壓力來源。你可以
找出讓你有連結感、成就感，具有挑戰性的活動，激發
平靜化學物質分泌，讓你更能夠專注當下。這些活動通
常存在於類比世界，我會在下一章說明。寫下有助於你
活在當下的有趣活動，包括那些因為「沒有時間」而很
久沒有從事的活動。許多人的清單上會有閱讀和運動，
或許你的清單包含打電話給老朋友、參與體育競技活
動、繪畫、重新學習遺忘已久的樂器，或是從事園藝活
動。每當你想要找些事情來做的時候，就可以重新看一
下這份清單。如果你能找出更多替代活動，這個實驗就
會簡單許多。

- **選擇一段期間進行實驗，然後留意有什麼改變**。最有幫

助的健康策略是自我強化：當你發現策略有效，就更有可能持續執行。這個實驗也是一樣。首先，決定實驗的期間（我會建議至少持續兩星期，因為我們的內心需要花費大概8天時間，才能適應較低的刺激強度），然後留意自己有哪些改變。你是否變得更平靜？你在工作上是否能更全心投入、達成更多成就？你是否更能活在當下，充實個人的生活？你是否開始覺得自己沒那麼容易過勞、不太會感到有壓力和焦慮？花一點時間反思發生哪些改變和這個實驗帶來哪些差異。

與世界重新連結

在我啟動追求平靜之旅後不久，我就開始實行第一次刺激斷食，這次斷食在2020年3月中結束，正好碰上歷史性的新冠肺炎（COVID-19）疫情開始爆發。顯然讓我在實驗結束後重新連結令人分心的事物時，變得更容易分心、更焦慮。我還是會看早報，瞭解全球發生哪些大事，但是閱讀網路新聞的感受……很不一樣。同樣一則新聞，在網路上卻是用更極端、更令人擔憂的方式呈現。看早報，我能發現觀點；但是在網路上，我只看到恐慌。

聲量最大的意見會出現在即時動態的最上方，我幾乎當下就感覺有更多事情要擔心。當時我們第一次被禁足，但是我或心愛的人的生活並沒有重大改變。我在網路上接觸的每個人內心的擔憂和憂慮，都變成我的擔憂和憂慮。每天我除了讀一次早報，透過早報冷靜的分析觀點，瞭解最新新聞訊息之外，我還會從網站以及每幾**分鐘**更新的即時動態，得知關於病毒、股市和政治動盪等新聞。我陷入擔憂、焦慮與分心的可怕風暴中，這三點正是網路社群媒體的特徵。

　　這個時候，我突然感受到以前從未有過的衝動：退後一步，徹底斷開。不再將我的大腦和心交給社群媒體，不再任由社群媒體為了變現，操弄與分散我的注意力、利用我。特別在這一天，我本能地打開一直放在桌上、每天都會用到的記事本，寫下一些零碎文字：

> 推特讓我的心靈空虛
> 新聞讓我的內心空洞
> 兩者引發了威脅反應
> 導致過勞
> 我必須不惜代價避開
> 對我來它們就是雷區

　　第一次刺激斷食結束後，先前曾讓我上癮的壓力變得無關緊要、無足輕重。在當時，只要想到家人的健康、我的事業、我的城市，我就已經承受不少壓力。整個世界已經過度焦慮，我

也沒有必要將大家的焦慮強加在自己身上，而且我很懂得如何
戒斷。這並不是要貶低其他人在疫情期間感受到的真實痛苦，
我們每個人都有自己的疫情故事，有些人的故事比其他人要悲
慘許多。但是重點很簡單：在特別焦慮和高壓的時候，一定要
小心留意自己如何吸收資訊。唯有如此，才能保持平靜，保護
我們的心，將重要的心理資源保留給真正發生在我們身邊的事
件。

　　一般來說，不論基於什麼原因，我們最需要謹記在心的教
訓，多半需要反覆學習好幾次才能真正記住。在增加和移除生
活中讓我分心的事物的過程中，我重新學習到一個教訓：一旦
分心，就會更容易分心。這是因為多巴胺會促進更多多巴胺分
泌。如果我們讓自己的心受到愈多刺激，就會渴求更多刺激，
我們會一直處於刺激的高峰。基於這個原因，如果每天早晨從
平靜開始，例如讀一本書、安靜地喝一杯咖啡、和家人一起醒
來，接下來一整天都更容易得到平靜。

　　我們不需要一直處在刺激程度這麼高的地方，也絕對沒有
必要任由新聞掏空我們內心。

原始大腦 vs. 現代世界

　　如果你砍一棵樹，然後觀察樹幹，你會看到一層又一層的
同心圓環，顯示樹木的成長週期。這些年輪能告訴你一個故

事：這棵樹木的年齡（只要計算有幾層年輪，就能知道樹木的年齡）、每一年生長多少（年輪愈寬，代表該生長週期愈有生產力），以及每一年生長得有多茂盛（如果其中一側的年輪愈窄，代表生長受到愈多限制）。

我們的內心也是一樣：只要看看我們的大腦結構，就可以知道我們從何處來，也更能瞭解我們的演化史。例如我們會知道社交就能得到獎勵，所以我們大腦的大部分構造設計都是為了與人產生連結。[11]我們會觀察到大腦外層（例如新皮質，neocortex），也就是負責邏輯推理、空間推理和語言等功能的區域，演化時間較晚；而位在大腦中心地帶，負責本能反應的大腦區域，如激發衝動反應的邊緣系統，則是比較古老；當彼此目標相互牴觸時，例如減重和享用美味糕點，更古老的大腦區域通常會勝出。

儘管我們大腦的外層結構相當精密複雜，但核心區域仍非常原始。最明確的證據顯示，大約在 2,000 年前人類的大腦就已經演化成目前的狀態。[12]聽起來似乎是很長的一段時間，相較於現代世界的發展，確實是如此。但是，相對於大腦的演化時間幅度，這只不過是其中一個小點。

早在現代世界出現之前，大腦已經演化成目前的狀態。就某方面來說，大腦是演化的遺跡，如今電腦的處理速度大約每兩年就增加一倍，但是我們大腦的處理速度依舊和我們開始狩獵、採集、用雙手製作工具時一樣。那時候的人類學會捕獵昆蟲、爬蟲類和鳥類，同時採集莓果、堅果和蔬菜，把石頭磨成刀，用打火石生火，蒐集樹枝搭建遮風擋雨的空間。

現在，我們被迫要使用同一個原始大腦，生活在大腦完全陌生的世界裡。我們就像是離水的魚兒，只能盡最大努力勉強生存下去。我在這邊不會再深究原始大腦為什麼天生不適合現代世界，已有大量書籍討論過這個主題，包括一、兩本我的書。但是值得反思的是，你閱讀本書時所使用的大腦是在遠古時期演化形成的，當時人類面臨的壓力幾乎全都與身體有關。那時人類會被獵物追捕、必須迅速逃離敵人，人類更害怕劍齒虎，而不是虛構的「電子郵件」出現在我們口袋裡閃著亮光的方形螢幕上。

我們的原始大腦在現代世界生存時會面臨兩大挑戰，它們遭遇的壓力比以前多，但是釋放壓力的管道卻比以前少。

現在，我們面臨的多數壓力都與心理有關，這些壓力並不存在實體世界裡。我們任由壓力持續在內心累積，因為我們沒有為它找到出口。運動通常是宣洩壓力的出口，以前人類平均一天步行13公里。[13] 社交連結是另一個出口，以前人類幾乎花所有時間和其他人相處在一起。那時候的人類也會攝取健康、天然的食物，也就是在地上、樹上和灌木上生長的食材。我們身體天生需要運動，可是現在我們只會活動一小部分的身體，我們的社交互動也變少，飲食習慣不如以前健康。

就某種程度來說，這不是什麼大問題。現代社會設下許多圈套，例如健康醫療、便捷的交通、模仿社交互動的網站等等，所以我們依然可以活得長久。但是很不幸的，你或許已經發現，流入我們內在的壓力遠超過流出。我們收到更多電子郵件，休閒活動變少；我們擁有更多社群媒體帳號，嗜好卻變少；「朋友」變多，但深度連結變少。我們花更多時間瀏覽新聞，卻很少走進大自然；我們更多時候只是坐著，很少花時間看著我們的朋友、家人和熟識朋友的眼睛。

愈來愈多壓力流入，愈來愈少壓力流出。

幸運的是，我們可以與大腦和身體的天性重新連結，同時釋放壓力、找回平靜，只要採取一些基本方法就能做到，像是透過與人建立連結、活動身體、冥想以及良好的營養。只要改善這些生活領域，就能讓我們內心取得平衡、找到平靜。

有意思的是，這些有趣的活動不僅能替代促使多巴胺分泌的習慣，它們全部存在同一個地方：類比世界。

第 7 章

選擇
類比世界

每一天，我們的時間和注意力被兩個世界切割：類比世界和數位世界。

我們必須區分這兩個世界，因為它們影響我們生活的方式大不相同。在實體類比世界，想要得到平靜會容易許多。因為數位世界具刺激性，會促使多巴胺大量分泌，破壞我們大腦內部神經傳導物質的平衡；而另一方面，類比世界的活動則會同時促使不同化學物質分泌，而且這些化學物質能相互達到平衡；類比世界的活動會促使我們專注當下，幫助我們得到更多平靜。歷經20萬年演化的古老大腦構造，就是針對類比世界所設計的，我們花愈多時間在類比世界，就會感覺愈好。當然也會有例外。正因為如此，我們同時需要在這兩個世界中得到平靜與人生意義，並提高生產力，然後將其餘的一切拋諸腦後。

許多人花在數位世界的時間比在類比世界多。2019年底，美國人每天花在數位生活的時間平均超過10小時，這是在疫情前調查的數字，疫情期間，封鎖與居家隔離的時空，讓我們與數位世界的關係更加強化。[1]更近期的疫情資料顯示，我們的螢幕時間已經飆升到大約每天**13小時**，[2]儘管我們無法很確定這個現象究竟是暫時性的，或者是一種初期徵兆，代表未來我們的生活將日益數位化。但是要特別注意，這些數字只包含我們**觀看**螢幕的時間，不包括其他連結數位世界的時間，例如聽podcast或是有聲書。

看到這些統計數字時，可能會讓你停下來想想，畢竟人們的大腦構造並非是為了在數位世界生存而設計的。事實上，不只如此，這些數字可能會讓你很洩氣。人類已經在類比世界生存很長一段時間；我們在這裡與其他人交流、用雙手製作用品、欣賞大自然的驚奇，或是休息、充電。在類比世界，我們可以得到平靜。但是現在，數位世界如此有魅力、有吸引力、迎合我們天生的喜好，所以我們寧可選擇數位世界，而不是類比世界。

在我們仍心存懷疑時，就會被刺激性的事物吸引。

類比世界和數位世界都能創造驚人的效益，但也有致命的缺點。我們愈來愈清楚，數位世界並沒有眾人所說的那麼美好，事實真相要複雜許多，類比世界也不如眾人所說的那麼美好。

接下來就分別深入探討這兩個世界，看看在我們追求平靜的旅程中，要如何讓這兩個世界為我們的生活加值。

數位驚奇

到目前為止，我對於數位世界的態度一直非常嚴苛，這是有充分理由的。幾乎所有超正常刺激都來自於數位世界，此外數位世界會迫使我們把「追求更多」當作是生活重心：導致我們有更多事情要去做、追趕、擔憂，必須累積更多「貨幣」。數位世界甚至會強化我們的成就思維，因為我們花大量數位時間查看各種形狀和尺寸大小的信箱，持續強迫自己清空信箱，達成**工作完成**的狀態。

但是，如果我們因此忽略數位世界能帶給我們的好處，也未免太可笑。它讓我們得到前所未見的機會，能與其他人建立連結。愈來愈多人只在數位世界從事數位工作。如果你從事知識型工作，你平時透過數位方式完成的工作任務比例，會隨著時間不斷提高，換句話說，你是透過數位世界付出努力、達成貢獻。離開工作之後，我們仍持續與數位世界連結。數位世界真是充滿驚奇，絕不騙你。昨天下午我點擊幾下玻璃螢幕，20分鐘後，一份熱騰騰的墨西哥捲餅就出現在我家門口。你可以試著向20萬年前的祖先解釋**這個現象**。

就好比說，我們可以寫一本書探討科技如何剝削我們的心理，另外再寫一本書談談數位世界的驚奇。數位世界讓我們有動力維持更苗條的身材，社群媒體之所以如此容易讓人上癮，背後依據的心理學原理同樣適用於健身訂閱服務，這些服務會讓人們覺得健身很有趣、很好玩。網路與我們的數位生活密不可分，讓我們與分散在全世界的心愛之人產生連結：我們甚至可以看到他們的臉、進行現場直播，但是就在不久前，許多人還不是很清楚如何實際應用這項科技。數位裝置讓我們能夠接觸到五花八門的娛樂內容：迷因梗圖、小貓照片、食譜、地圖，還可以在不到一秒鐘內下載任何一本文字書、有聲書、電視節目，或是電影，只需要不到一秒鐘的時間。我們只要把智慧音箱擺放在我們聽力可及的範圍內，就可以隨機大聲提出問題，然後立即得到答案。現在的電腦已經變得無所不在；我們不再需要記得 1 公斤相當於 2.2 磅。網路上還有許多烏龜吃草莓的照片，你不會後悔花時間搜尋這些照片。

雖然數位世界提供這些毫無必要的刺激，不過數位世界本身確實充滿驚奇。

然而，如果只問數位世界是否有用，會引發一個問題：如果數位世界的某些要素讓我們焦慮，其他要素則是對我們有幫助，我們要如何知道數位世界哪些部分值得保留，哪些需要捨棄？

記住一個簡單的原則：**如果數位世界能夠支持我們，讓我們達成想要的成就，那麼數位世界就是有價值的**。別忘了，在最理想的情況下，提升生產力的關鍵是意圖。觀看螢幕的時間長達 13 小時不一定都是壞事；但如果因此讓我們無法掌控自己的意圖，就沒有任何幫助。

因為網路容易刺激多巴胺分泌，所以我們的意圖很快就會超出我們的掌控範圍之外。我們打開社群媒體 App，原本只是為了要分享某些內容，但是我們很快就轉換成心理自動導航模式，開始瀏覽其他最新動態，從最新奇的內容到最不新奇的內容開始瀏覽。新聞內容都差不多。我們在喜愛的新聞網站裡四處搜尋，卻忍不住被比我們真正想要閱讀的內容還要新奇、刺激的新聞內容所吸引。我們造訪 YouTube，原本只是為了搜尋

更換客廳溫度自動調節器的教學影片，結果卻被個人化首頁裡
另一支新奇的影片吸引。半小時後，早已忘了一開始為什麼要
造訪 YouTube 網站，直到我們放下手機，看到牆上露出的電線
才想起來。

這種情形不一定會發生。但是如果重複發生好幾次，使我
們發現自己一再落入這種時間陷阱，就會讓我們產生罪惡感。

但是，最能提供我們支援的數位服務正好相反，這些服務
不會綁架我們的意圖，而是會協助我們達成想要達成的成就。
當我們點擊 Uber App 的圖示叫車時，App 裡很少會出現分心
的事物讓我們遠離原來的目的（至少在我寫這本書的時候是如
此）。還有其他無數個 App 也是一樣：包括冥想指導、視訊會議
或是一步步引導動作的運動教學 App。這些服務通常不太會刺
激多巴胺分泌。

數位世界最大的優點是為我們的類比世界加值，尤其如果
數位服務能：

- **幫助我們節省時間**。（例如：預訂旅遊行程、尋找方向、
  傳訊息給即將碰面的人。）
- **為我們的類比世界增加新服務**。（例如：用 Uber 叫車，
  或是使用健身手環留意我們的活動量，讓我們可以和朋
  友一較高下。）
- **讓我們與其他人連結**。（例如：使用約會 App 或是視訊

會議網站。）

正因為數位世界具備上述特性，我們的生活變得更方便、更有效率，可以騰出更多空間追求平靜，同時更有目的性地運用自己的時間。

區分數位生活和類比生活

我們可以進一步將從事的活動細分，製作成文氏圖（Venn diagram，參考圖 10）*或其他類似圖，將日常生活畫分成三個類別：

- **純數位活動**：我們只能在數位世界完成這些活動，例如更新我們的社群媒體帳號、玩電玩遊戲、查看新的電子郵件。
- **純類比活動**：只能運用類比方式完成的活動，例如洗澡、睡覺和喝咖啡。
- **可以在這兩個世界完成的活動**：這類型的活動非常多，包括閱讀、管理金錢、玩遊戲、練習書法、領取登機證、

---

* 譯注：這是由英國數學家約翰·維恩（John Venn）發明的圖解方法，呈現不同事件、元素、類別的集合關係。

　　著色、地圖導航、寫日記、使用計時器、和朋友聊天。

　　告訴你一個小技巧：**如果我們希望有效率地完成某項活動，就應該採取數位方式；如果我們希望我們的行動是有意義的，就要採取類比方式。**如此一來我們就可以善用數位世界的優勢，幫助我們節省時間、為生活增加新服務、讓我們與其他人建立連結，同時又能避免陷入討厭的數位黑洞之中。

圖 10　數位生活和類比生活

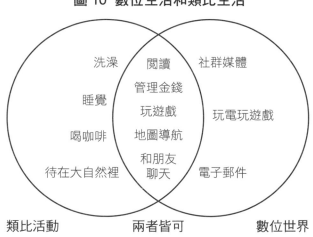

　　如果你遵循本書提供的技巧，你可能已經找到更平衡的方法完成你的任務。只要消除生活中會引發問題的超正常刺激，也就是減少慢性壓力來源、遠離其餘壓力，剩下來的數位活動多半能支持你的意圖。如果你能用心享受品味清單上的某些項目，或是在刺激斷食期間選擇某些類比活動替代數位活動，就有可能與某些類比活動重新建立連結。當你的內心變得更平靜，就不會像以前那樣一直渴求超正常刺激。

但是，我們可以進一步應用這個建議，也就是刻意用類比方式完成任務，尤其是橫跨數位與類比世界的任務。

在類比世界找到想做的事

你最美好的回憶可能都在類比世界，例如家庭公路旅行、深度對話、在世界各地度假。至於數位時刻，至少是你記得的時刻，最終可能都成為背景。這並不是說瀏覽Instagram、玩電玩遊戲或看電視就是在浪費時間。但是整體而言，數位世界是時間陷阱，而非記憶寶庫。

當然還是有例外情況。不是所有數位活動都毫無意義。你可能是個電影迷，清楚記得看過的每一部電影的每一個場景；或者你是一位電腦工程師，負責編寫軟體，協助外科醫生每天能看更多病人。你可能在網路上遇見心愛的另一半。我則會開心地重新回想我在電腦上完成的書籍、改變我一生的電子郵件，當然還有被泰勒絲按讚的某一則推文內容。但是對我來說，這些「例外只是證明規則的存在」，或許對你來說也是如此。

類比世界除了讓我們內心更平靜、更平衡之外，還有另一個優點，讓我們的時間變得更難忘：它會讓我們對時間的**認知**（perception）慢下來。這樣我們就更能夠好好消化這些事件，記住更多關於事件的細節。當我們品味過去、追憶過往人生時，通常會避開例行性工作：時間心理學告訴我們，我們的生活愈新奇，時間就會移動得愈緩慢。就我們的心理而言，新奇的事件就如同是時間標記或是路標，我們可以回頭看看這些路標，判斷自己已經走了多遠。換句話說，我們不僅在當下會被新奇的事物吸引，回想自己的生活時，同樣會被新奇的事物吸引，它也是某種標記，代表某個記憶值得優先回顧。

網路公司提供的服務會激發我們大腦的新奇偏誤，這些新奇的事物會導致我們暫時分心，我們會緊抓住這些新奇事物不放，就如同緊抓住繩子一般，然後擺盪到下一個新奇的事物。另一方面，新奇是相對的。在網路上，因為幾乎所有事物都是新奇的，所以也就沒什麼新奇了。當我們走路穿越數位世界的時代廣場，立即被各種刺激淹沒，根本無法好好消化周遭發生的事件。

相反的，類比世界步調緩慢，而這是好的、有意義的。它緩慢到讓我們有時間好好消化、有時間品味、有時間記憶。正因為我們每天耗費難以想像的大量時間盯著螢幕看，所以必須有目的性地遠離數位世界、投入類比世界，這是通往內心平靜的必經之路。

在我追求平靜的過程中，另一個我很喜歡的實驗是投注更多時間，用心品味緩慢、寧靜的類比時刻。如果有愈多數位活動被類比活動替代（如果這些活動可以替換的話），我就愈能深刻體驗我的生活。在工作上，我也能放慢步調，遠離讓我分心的事物，心平氣和地專注於眼前的任務。

除此之外我也發現，選擇類比活動替代數位活動之後，讓我的時間運用變得更有意義。我的 iPad 雖然能夠幫助我有效率地閱讀研究報告和書籍，但是如果我把研究報告列印出來、拿著筆仔細研讀，或是打開紙本書、在邊緣空白處隨意寫筆記，這樣我反而會更專心。我選擇訂閱紙本《經濟學人》雜誌，而不是在 App 裡四處點擊，紙本雜誌和報紙很像，你可以用更緩慢、更冷靜的方式瞭解全球大事，而且能夠記住更多事。（研究顯示，如果我們愈不常讓我們的注意力被占滿，就能記住更多事情。）³

雖然放慢速度會帶來一些損失，但是專注和平靜所能彌補回來的卻更多。只要眼前沒有出現引誘我分心的事物，我就能更有效率運用自己的時間。

類比世界另一個重要特性是，它能幫助我們創造一些心理空間，讓我們反觀內心，更全面地整理我們的思緒。但是在數位世界，我們很少有機會後退一步反思、反覆琢磨各種想法，或是絞盡腦汁想出有創意的解決方案。我們過度忙碌，總是急著從某個分枝，也就是某個想法、網路連結或影片，擺盪到下一個分枝。*

　　類比活動讓我們的內心擁有思考的空間。當我們心思開始漫遊，就會自然而然產生想法、為未來規畫以及充電。不妨想一想你上一次洗澡的時候，或是上一次你的心思有機會漫遊的時候，我們是刻意進入這種思維，我稱之為「分散注意力模式」（scatterfocus）。†洗完澡之後，你可能已經拼湊出解決問題的方法、為隔天做好規畫，而且感覺整個人充滿活力。

　　在我追求平靜的過程中，當我用更多類比活動取代數位活動之後，內心會變得更平靜。如果你想要透過類比世界降低你的刺激程度，卻沒有靈感，以下是我認為對你很有幫助的類比活動：

- **寫作**。我是用電腦寫下這段的內容，因為這樣比較有效率，如果手寫這本書，可能要花費兩倍時間（甚至之後還要看懂我的潦草筆跡）。但如果是更有意義的寫作，

---

*　要特別留意，在某些時間點，網路有可能從我們透過螢幕與之互動的平面影像，轉變成覆蓋在類比現實之上的立體影像，這種現象通常被稱之為「混合實境」（mixed reality）或是「元宇宙」（metaverse）。唯有時間才能告訴我們未來會如何發展，會變成什麼樣貌。不論發生什麼事，這個混合實境很可能比類比世界還要容易刺激多巴胺分泌，未來我們可能同樣需要遠離這個世界。

†　我應該要提醒一下，我在上一本書《極度專注力》（Hyperfocus）有深入探討這個主題。但是我很不喜歡在新書裡推銷之前的著作，所以你可以抵制我，選擇不買《極度專注力》這本書。

例如寫信給朋友、寫日記，或是規畫我的未來，我會選擇用手寫的方式。我是鋼筆愛用者，用鋼筆寫字可以幫助我放慢速度，創造放鬆的寫作儀式。（當我清潔鋼筆、補充墨水時，也會感覺特別平靜。）

- **建立待辦事項清單**。我靠著研究生產力賺取收入，已經不知道嘗試多少待辦事項清單 App。在我追尋平靜的旅程途中，某一天我下定決心刪除所有任務管理 App，改成手寫在紙上，也就是用類比方式，在桌上的大型記事本上寫下每天的計畫和待辦事項（當然用的是我最愛的三文堂鋼筆）。透過這種方式管理時間雖然速度變慢，但是更慎重。原則上，如果規畫時速度愈慢，行動就會愈謹慎。

- **與朋友相處**。在社群媒體上和朋友建立連結雖然很刺激，但不一定都有意義。所以我不再將數位社群媒體的使用時間當成是與朋友相處的時間。如果要計算與朋友相處的時間，必須是面對面相處或是透過比文字還要豐富的媒介（包括電話聯繫在內）。我認為友誼就是與某個人共享注意力。當我們面對面與另一個人同步分享注意力，會更有收穫。

- **實體書籍**。我是有聲書和電子書的忠實愛好者。但是如果想要好好讀一本好書，我幾乎都會選擇紙本書。紙本書的實體存在能讓我更專心。我之前曾提到，在工作時我也開始以類比方式閱讀，這樣我就可以在邊緣空白處寫筆記，而且能隨意翻動書頁，更方便將散落在不同書頁的想法連結起來。

- **遊戲**。在我踏上追求平靜的旅程之初，我有一個壞習慣，那就是玩一些簡單卻毫無意義的手機遊戲，這些遊戲不僅是超正常刺激，而且容易讓人上癮。（如果你懷疑手機上的遊戲如何讓人上癮，可以下載「地鐵跑酷」〔Subway Surfers〕試試看。說實話，千萬別下載；我在這款遊戲浪費很多時間，只是我不願承認。）後來我買了一堆桌遊和拼圖，替代這些數位遊戲。最棒的是這些遊戲需要其他人一起參與，也讓玩遊戲這件事變得更有意義。

- **查字典**。每當我看到不熟悉的單字，就會努力翻閱放在客廳的精裝版《牛津英語詞典》（*Oxford English Reference Dictionary*），這樣我更能記住這些單字。畢竟，字典的整個頁面都保留給這些單字，沒有邊欄廣告，而且與社群媒體分享字義的方式也大不相同（就好像人們真的想要做這件事）。最棒的是：我和太太用這本字典當作我們的婚禮賓客留言簿，每位賓客如果看到哪些單字會讓他們想起我們，就把那些單字圈起來，這也讓查單字的行為變得更有樂趣（至少查單字這件事會是有趣的）。

- **新聞**。在我結束第一次多巴胺斷食後，我就不再瀏覽數位新聞，改為閱讀兩份早報。我偏愛訂閱實體報紙，不僅價格便宜，而且包含所有居住城市、國家和全球應該知道的訊息。更棒的是，你只要訂閱**報紙**，就能得知最新訊息，不需要瀏覽不同網站、自行過濾新聞。如果你不需要每小時回應工作或生活中發生的事件，可以考慮訂一份報紙。但現在許多報紙的意識型態鮮明，每天的新聞報導內容因為報社的極端立場而扭曲，所以你可能會很煩惱，不知道訂閱哪份報紙。再次提醒，就和這本書提供的其他建議一樣，如果你覺得這個做法對你會有幫助，再開始嘗試。（我發現，在我居住的城市發行的報紙觀點還算平衡，所以值得訂閱。）

在數位與類比生活文氏圖中，上述的活動就位在圖 10 的中央。他們是容易達成的目標，能幫助我們達成更有意義的平靜狀態。一般來說，我們不會因為實行這些技巧而損失任何時間，我們只是用不同方式、更謹慎地完成工作。

• • •

除了以類比方式做更多事之外，我們也應該要與那些**只能**在類比世界完成的活動建立連結。

純類比活動已經證明可以幫助我們消化多餘的壓力，在我們與過勞門檻之間創造更多空間。這些活動比較不會過度刺激多巴胺分泌；但依舊會釋放多巴胺，只是同時間也會釋放其他神經傳導物質，它們會彼此達成平衡，讓我們感到快樂、有連結感、有時候甚至會覺得亢奮。如果你發現遠離那些讓你分心、刺激多巴胺分泌的活動之後，就能多出額外的時間從事純類比活動，這些活動會讓你感到精力充沛、有活力，而且最重要的是獲得平靜。此外，也會促使你全心投入眼前事物，讓你更有生產力。

最能幫助你達成平靜狀態的習慣存在兩大共通點：它們不僅是純類比活動，也會讓我們的原始大腦感覺快樂。接下來我會分享最愛的四種習慣，研究顯示，這些活動能幫助我們達成最佳的平靜狀態。

這些四種活動分別是：運動、與人們相處、冥想、用正確的方式照顧身體。

找到運動的樂趣

我們很容易被數位世界中任何能立即產生效用的事物吸引，也很容易被類比世界中任何帶給我們便利的事物吸引。這同樣適用於一天當中所有會發生的身體活動。我們很少人是走路或騎自行車上班，而且一旦我們開始工作，我們多半是用大腦、而不是用手做事。某種程度上來說，我們比較喜歡這種工作方式：因為不需要耗費太多體力，我們的大腦和身體也傾向於保留體力。

　　不幸的是，這意謂著我們與環境格格不入；我們的身體構造設計就是為了要活動。我們必須活動筋骨，才能讓內心保持平靜。如果你發現在辦公室裡坐太久就會感到坐立難安，一整天都會有股莫名衝動想要起身；或是你常覺得身體需要活動一下，可能就是這個原因。人類經過長期演化，每天需要步行8到14.5公里（5到9英里）。[4]但現在我們每天大約走5,000步，換算下來只有4公里（2.5英里）。[5]我們的祖先必須特別**努力**，才有可能達到這麼少的活動量。

　　一般的標準建議是每天應該要走一萬步。但是如果我們深入探究這個數字是怎麼計算出來的，就會發現這個建議太武斷。有研究發現，這個數字的起源「可以追溯至日本的走路社團以及30年前的一句商業口號。」[6]每天走一萬步並不難，一萬步大約是8公里（5英里）再多一點。**剛好**達到身體構造需要的活動量。此外你還會發現，平時要走到一萬步會有些困難。至少我是這麼認為，因為我都是在家工作。

　　此外，這項建議也不包括其他效果神奇，我們可以嘗試很多運動，其中比每天制式的走路有趣的運動還有很多。例如做瑜伽也許只會多走了幾步路，但是身體會感覺舒服、平衡。游泳一小時之後，或許你很幸運，健身手環顯示你走了幾步路，不過游泳過後，你的身體和心理看待事情的角度會變得不一樣。用力做家事，如滿身大汗地用力擦洗地板、擦拭廚房櫥櫃、清除書架灰塵等等，雖然這些活動通常不被看作是運動，但是同樣會讓你心跳加速。

你應該遵守以下的原則：每星期至少要進行150分鐘的中強度活動，或是75分鐘的激烈運動，這是美國衛生及公共服務部（United States Department of Health and Human Services）建議每星期的活動量。[7] 當你運動時一定要記住，這只是最低限度的身體活動量。也就是說，你每天**至少**要做20分鐘的輕度活動（例如快走或是游泳），或是10分鐘的激烈活動（跑步、騎腳踏車、拳擊、霹靂舞，或是能大量流汗的運動）。一旦你開始活動身體，就會想要持續下去，尤其是如果正好是喜歡的活動方式。你要將上述的數字視為起點，也就是說，活動量不得低於這些數字。

為了撰寫這段內容，我特別請教麥高尼格，她是史丹福大學講師、《史丹佛大學的情緒修復運動課》（The Joy of Movement）與《輕鬆駕馭意志力》的作者，如果有人想要順從大腦的天性活動身體，她是否能提供一些建議。她堅信，如果你認為自己不愛運動，那是因為你還沒有找到「讓自己轉型為運動人」的正確活動量、運動類型或是社群。[8] 有非常多方法可供你選擇：她熱中的是團體舞蹈課、拳擊、負重和高強度間歇訓練。我在實驗期間開始愛上室內飛輪課、在公園丟飛盤、看著YouTube做瑜伽等。每天我都會努力讓自己的活動量達到最低限度的兩倍。

　　多樣性是關鍵。盡可能嘗試不同類型的身體活動，然後找到能長期持續的一、兩個選項。清除地下室彈簧墊上的灰塵，報名參加舞蹈課，或是犒賞自己瀏覽社群媒體打發一些時間，但必須是在你用同等時間跑完步之後。不要一大早就坐在電腦前喝咖啡，走路到你喜愛的咖啡店或是附近的綠地，在戶外享用飲料。放風箏（就是字面上的意思）、設定每天坐在椅子上的時間上限，或是和朋友或家人一起到戶外，像是健行、騎自行車，或是在市區散步，都會很有幫助。參與能增加身體活動的志工工作；將伸展運動納入例行作息，成為下班後放鬆儀式的一部分；舉行更多走動式會議；或是在家後院或社區空間從事園藝活動。盡可能用更多方法活動你的身體。保留你熱愛的活動方式，只不過你需要花一些時間，才能找到自己熱愛的活動。

　　當你尋找適合的活動類型時，一定要留意你的內心是否出現負面的自我對話。這樣的對話幾乎一定會出現（一旦你發現就要記下來，同時質疑它的真實性。當我們想到運動時，我們的思維通常會變得負面），尤其是許多人之所以運動，是為了改變自己的外貌，不是因為愛惜自己的身體，希望透過有助於提振精神的運動得到獎勵。一提到運動，我們的自我對話內容常常很負面，但多半不符合事實，這些自我對話只會妨礙我們達成目標，無法享受運動的樂趣。

　　麥高尼格告訴我，「許多人對運動有負面感受，主要原因是

健身和運動常被視為是某種手段，目的是為了讓我們的身體更
令人滿意。」[9]但實際情況是因為運動會讓人感覺良好，運動之
後你會覺得非常舒服。

除了要嘗試各種不同運動方式、找到適合自己的運動類型
之外，麥高尼格還提供另外兩項建議，能夠讓我們的運動時間
創造更多效益：如果可以的話，不妨試試看團體運動，同時花
一點時間待在戶外。團體運動能讓你產生社群感，與其他人建
立連結。這時候體內會釋放催產素，同時在運動時會感覺與其
他人連結。正如同麥高尼格所說的：「當你和其他人一起運動
時，你會產生連結感。體內會釋放腦內啡，緩解疼痛。所以當
你和其他人一起運動時，心情會變好。」[10]研究顯示，不論在類
比世界與其他人一起同步運動，或是在數位世界透過Zoom視
訊軟體一起運動，都能享受到這些好處。[11]

人類歷經演化，需要在大自然的環境裡繁衍生存，而不是
在用樹木和灌木點綴的水泥環境裡生存。當你徜徉於大自然的
懷抱，不需要額外付出努力就能獲得平靜。麥高尼格的研究顯
示，戶外運動能為我們的心理健康帶來顯著效益，幫助我們化
解內心的重大傷痛，例如「自殺的想法、憂鬱、精神創傷和悲
傷」。[12]

重點是，不論你能做什麼、不論你感受如何良好，一定要
活動你的身體。記住麥高尼格研究得到的啟發：如果你覺得自
己不適合運動，或許只是因為沒有找到真正適合你、而且有趣

的運動方式。

與朋友相處的時間

> 如果你想要走得快，那就一個人上路吧，如果你想走得更
> 遠，就相伴而行吧。
>
> ──諺語（來源不明）

每個人歷經的疫情體驗不盡相同，但有一點或許相同：我們觀看螢幕的時間增加了，與其他人相處在一起的時間變少了。

就和運動一樣，花時間和其他人相處不只讓我們感到活力充沛。我們**需要**和其他人面對面相處，不論是身體和心理都很需要。近期有一項研究顯示，孤單對整體健康的傷害，相當於**每天抽 15 支菸**（在美國，抽菸是主要的可預防死因之一）。[13]同一項研究也發現，孤單對長壽造成的威脅，比起不運動還要嚴重。不過另一項研究指出，我們的社交圈實力「更能準確反映我們自身感受到的壓力程度，以及快樂與幸福感程度，比健身手環顯示的身體活動量、心跳和睡眠等數據還要有用。」[14]

我最常參考的一項統合分析彙整與運動有關的多份研究報告，累積超過 300 萬名參與者的資料，「確立社交孤立和孤單的整體與相對重要性。」研究得出的結論讓人難以置信：社交孤立、孤單和獨自一人生活的人們早逝的機率大約會提高**25%到**

30%。[15]

　　和其他人相處不僅能促使我們大腦的化學物質達成平衡並得到平靜，還能讓我們活得更長久、更健康，延長我們的生命年限和**健康**壽命。

　　我們的內心深處渴望與其他人建立連結。所以我們一定要找出時間與其他人相處，這麼做不僅能讓自己得到平靜、提高生產力，同時還能擁有更長壽的人生。

　　　　　　•　　　•　　　•

　　在啟動追求平靜的旅程之初，我面對一個不安的事實：和我有深交的朋友並不多，我的心理健康也因此受到一些傷害。我的個性很內向，我告訴自己，我寧可專心讀一本好書，也不願和其他人相處。如果再深入探究，我發現這種敘事方式只是一種自我防衛機制，我將自己在社交場合感到焦慮的事實隱藏起來，所以要刻意與人保持距離。

　　雖然我和數十位朋友有些交情，但是真正深交的沒幾個（不包括我和太太，以及與直系親屬之間的情感連結）。

　　發現到這一點之後，我開始努力提升社交互動層次。當我降低刺激程度之後，這件事也就變得簡單許多：我開始**渴望**有時間與其他人面對面互動。所以，我決定進行實驗，希望能找到適合我的方法。

　　我嘗試許多種方法，其中有很多方法並沒有成功。大約在聖誕節前後，我和太太以及一位朋友參加地方曲棍球賽，途中我走路經過某個男性理髮師合唱團，他們的歌聲聽起來猶如天籟一般。其中一位團員看到我似乎很享受他們的音樂，於是遞給我一張名片，看看我是否有興趣加入他們。後來我真的加入，但是參加幾次排練之後我又退出，因為我發現有些團員實在太認真（我提醒自己：下次要加入**不會**參加任何全國性比賽的合唱團）。我也嘗試參加地方的即興表演課程，希望能找到幾位崇尚心靈自由的同好，結伴出遊。課程內容非常有趣，但是我並沒有如原先預期的時常和團隊成員有聯繫。除此之外，我還計畫參加週五晚間的編織社團，雖然相較之下我仍是個菜鳥，但是就在我準備加入時，編織店卻關門了。（我發現編織可以激發許多靈感。這是很容易被低估的生產力習慣之一。）

　　幸運的是，其他的努力都獲得不錯的成效。我開始看心裡治療師，她首先讓我意識到自己有社交焦慮症，接著讓我暢所欲言，說出哪些事情讓我感到不舒服。這麼做並不會直接讓我獲得平靜，但是卻能幫助我消除與其他人相處的心理障礙。我和幾位工作上的朋友組成工作問責團隊，每星期碰面討論策略以及個人目標。這麼做不僅能幫助我培養新的友誼關係，還能彌補因為工作上缺乏人際連結、容易陷入過勞的缺點。至於生活中原本已經存在的友誼關係，我會空出更多時間，進一步深化彼此的關係，包括高中時期的老朋友、每年夏季參與志工活動時認識的朋友，以及我在鎮上結識的朋友。我會想辦法每星期在行事曆上增加一、兩個社交活動。當我工作出差時，也會思考是否有可能在我出差的城市認識任何人，然後看看他們是否有時間和我一起吃飯或是喝茶。

這些新發現的社交互動方法不僅讓我感到更平靜、更平衡。隨著這些連結和友誼進一步被深化，我也感到更有活力。

在類比世界，最豐沛的平靜泉源就是人與人之間的連結。

我必須坦白說，相較於這本書中提到的其他做法，與其他人建立連結是我至今最常實行的策略。整體而言，和其他人相處時，我認為應該遵循以下三大原則：

1. **數位社交不算數：** 請牢記這項原則，在數位世界進行社交活動花掉的時間不能算是社交時間。你的內心要對數位社交會有不一樣的看法：數位連結只是仿造實體連結，如果你沒有伸出手實際觸碰某個人，就不能算是社交時間。類比社交雖然需要花費更多努力，但是卻能帶給我們更多平靜。

2. **實驗、實驗、實驗：** 就和運動一樣，你得要嘗試好幾次，才能找到與他人一起相處的理想方法。加入合唱團，參加即興表演課，和那些足夠投入、會讓你忘掉手機的人重新建立連結。你要不斷嘗試，然後保留自己喜歡的選項。你可能需要嘗試好幾次，沒關係。即使過程中花費的心力可能超乎你原先預期，也沒有關係。

3. **安頓內心是優先要務：**如果你和我一樣有社交焦慮症，就要刻意努力降低自己的刺激程度，安定你的內心。與人相處的刺激程度較低，所以如果你能同時盡力安定自己的內心，參與社交活動時就會感到更自在。此外，另一個好處是，你不會像以前那樣時常會忍不住拿起手機。你的時間會變得更難忘、更有樂趣，更別說不會變得支離破碎。

如果你發現與其他人相處的時間變少，花在科技產品的時間卻變多，就要盡快找到方法提高生活中的社交互動程度。你的付出絕對是值得的，因為我們的生物機制需要感受到和其他人產生連結。即使你個性內向，還是需要建立真實的人際連結。

提高社交互動程度的機會無窮。和家人共度「類比夜晚」（analog night）是另一個有趣的技巧。所謂的「類比夜晚」，一如其名：整個晚上所有人關閉行動裝置，好好花時間實際相處在一起、全心關注彼此。社群媒體提供的虛假社群感，絕對比不上這種深刻、面對面的個人互動。

另一個值得一提的策略是：專注於**幫助**其他人。乍聽之下，照顧其他人似乎是一種義務，會讓人感覺有壓力、精神耗損。但是，如果我們照顧其他人是基於以下三種情況：展現同理心、自發性地採取行動，而且清楚知道**為什麼**要提供協助，那麼花時間幫助其他人就會讓我們更有活力。當我們陷入焦慮時，通常會將注意力轉向內在，但是如果我們將注意力轉向外部、轉向其他人，就會感覺活力充沛、心情放鬆、充滿生命力。史丹福大學教授賈米爾‧薩基（Jamil Zaki）曾在《大西洋月刊》（*The Atlantic*）寫道：「人們的心理層面會相互影響，幫助其他人，就是對自己友善。」就如同「照顧好自己，就是支持其他人」的說法，都是基於同樣的道理。[16]他建議我們，應該保留一天「照顧他人」，而不是「照顧自己」，如果你想要實驗與其他人建立連結的方法，可以試試看薩基的提議。

　　如果我們剝奪大腦的社交互動機會，就會變得更焦慮。但如果我們身邊圍繞著一群人而不是螢幕，我們就更能成長茁壯、得到平靜。

冥想

　　當我詢問《欲望分子多巴胺》的作者之一利伯曼，活化大腦的當下網路最簡單的方法是什麼，他給我一個簡單的答案：冥想。

　　如果你看過我之前的著作，就會知道我是冥想的忠實愛好者。我如此熱愛冥想，目的是為了提高生產力，部分原因是冥想可以幫助我抵抗分心的誘惑。冥想也能降低我們的整體刺激程度，讓我們更能專注。我們每花一分鐘冥想，就能拿回更多時間、完成更多工作。基於上述理由，我認為每個人都應該嘗試冥想，即使（尤其是）只要想到冥想就會讓你覺得反感，或者表面上讓你覺得這是嬉皮才有的行為。

幸運的是，冥想遠比你想像得還要簡單。以下就是冥想的方法，只有兩個步驟：

- 坐下來，背挺直、眼睛閉上，全神貫注在呼吸上。盡可能觀察自己的呼吸，包括空氣的流動、溫度以及空氣如何流入和流出你的身體。
- 當心思開始飄移（通常都會這樣），就再次將注意力放在呼吸上。

就這麼簡單！關於冥想的練習方式，不需要想太多；雙手要做什麼動作、是不是坐在椅子上或是打坐墊上，這些都無關緊要。如果周遭環境沒有太多導致你分心的視覺線索，你甚至可以選擇張開眼睛。

冥想很簡單，正因為太簡單，一開始你可能會以為自己做錯了。但是也因為很簡單，所以成效特別好。

雖然理論上冥想非常簡單，但是當你嘗試冥想時，你的內心會想要抵抗。你覺得自己不可能進入冥想狀態，因為覺得不可能，所以你一直拖延，即使你事先空出冥想時間也沒用。

但是，這就是冥想的重點。當你專心觀察自己的呼吸時

（這時候你的內心正在抵抗，不願專注於如此簡單的活動），如果能因此得到平靜，那麼接下來一整天你會更容易找到平靜，尤其是當你的內在自我對話開始失控，或是你的外部世界充滿雜音時。關於冥想，你必須知道這個事實：當你專心呼吸時，如果能得到平靜，那麼不論你做什麼事情，都能保持平靜。很難想像還有哪些活動的刺激程度會比冥想更低。正因為如此，如果你能學會**全心投入**在呼吸上，也就能全心投入任何事情。

冥想之所以很有用處的另一個原因是，你可以趁機觀察一天當中有哪些引發焦慮的想法會霸占你的注意力。同樣的，冥想時你的心思會持續飄走，但是不需要在意。重點是，你要留意自己的心思什麼時候飄走，然後緩緩地將注意力拉回到自己的呼吸，也許是在你嘲笑自己的內心有多頑固之後。你要有心理準備，你的心思一定會開始飄移，一旦發現了，就要把注意力拉回到你的呼吸。

和某些人的想法正好相反，冥想的目的並非是讓你的內心停止思考，因為這是不可能的，你的心裡會持續產生想法（如果你的心裡不再產生想法，麻煩可就大了）。我們甚至可以這麼說，我們的心裡會**強制性地**產生想法，回應周遭發生的一切。

但是，我們內心產生的想法很可能會強化焦慮循環，冥想能幫助我們留意我們內心是否出現這種傾向。我們留意到自己的心思開始飄走、然後將注意力拉回到我們的呼吸，這個動作能讓我們在不同想法之間創造出一小段有意義的距離。所以，當我們發現自己的心思開始飄走，就要刻意地將思考重新轉向我們的呼吸。這樣就能創造需要的空間，跳脫當下的思緒、退後一步評估我們的想法、想想這些想法是否正確，如果我們能專注呼吸，就更能掌控自己的注意力。

當我們學會跳脫我們為自己建構的敘事、退後一步思考時，就能發現哪些故事是真的，哪些想法是受到焦慮循環驅使。長期下來，我們內心產生不真實的想法就會愈來愈少，更能夠專注當下。

如此一來，我們就能發現更深層的平靜。

當然，冥想也會釋放許多有助於內心平靜的神經化學物質。根據我的觀察，當我們確切知道冥想會促使大腦釋放帶來平靜的化學物質之後，我們會受到激勵，但是冥想產生的平靜感受，其實更能夠激發我們的動力。如果你想要刺激更多有助於平靜的化學物質分泌，你可以試著讓自己放寬心（或是放輕鬆）。冥想的當下，大腦會釋放血清素，增加快樂感受，同時減少皮質醇分泌。有一項研究發現，冥想時釋放的腦內啡和跑步時一樣多。[17]忘記「跑者嗨」，改成「冥想嗨」，你覺得如何？

不過，進入冥想狀態並不容易，也不有趣，至少一開始是如此。你的內心會想辦法找理由，證明你不應該花時間冥想。但是，你愈能夠克服內心的想法，專注在呼吸上、而且在一開始就能進入冥想狀態，那麼你的內心就會愈平靜。

當冥想成為你生活的一部分，你內心的想法就不太會成為絆腳石，你也會變得更有生產力。

．　　　．　　　．

　　這本書主要是要幫助你創造深層改變、找回平靜，不過我們也可以透過呼吸練習，更**即時**獲得平靜。尤其是如果你在某段期間內面臨高度**急性**壓力，呼吸練習會非常有幫助。其中一種練習呼吸的方式是刺激體內的迷走神經（vagus nerve）。迷走神經是副交感神經系統的核心要素，每當放鬆、沒有壓力的時候，副交感神經就會變得活絡。迷走神經也連結身體與大腦。只要刺激迷走神經，我們就能得到更多平靜。*

　　如果要刺激迷走神經，以下兩種方法絕對能奏效：打哈欠與緩慢呼吸。其中緩慢呼吸特別有效，也就是用腹部呼吸，而且吐氣時間要比吸氣時間長。

　　另一種不需要透過呼吸練習、就能刺激迷走神經的方法是放鬆眼神，也就是眼睛沒有特意盯著某個目標觀看。如果你覺得不知道要怎麼做，不妨想一想當你眺望大片景觀時，例如觀看海洋、星空或是日落時，你的眼睛如何變得溫和、放鬆。

　　我們甚至可以結合上述所有技巧，快速獲得平靜。開始計

---

* 我們身體還有另一個自律神經系統，稱為交感神經系統，當我們面臨有壓力的事件時，交感神經系統就會變得活化，刺激我們身體做出戰鬥、逃跑、僵住不動的反應。

時5分鐘，打一、兩個哈欠，然後採行四八呼吸法，也就是吸氣4秒鐘、吐氣8秒鐘，同時間讓你的雙眼放鬆。在這5分鐘內，除了呼吸之外，不要注意其他事情，直到5分鐘結束。如果你的內心逐漸變得不耐煩，或是一旦你的內心開始感覺不耐煩，就要把注意力拉回到你的呼吸。這樣你就能感受到冥想帶來的好處，你的身體也會發生改變，幫助你達到更深層的平靜，而且是在短短5分鐘內完成。[18]如果你覺得無法一次採行這麼多技巧，你可以選擇其中一、兩項進行實驗。它們都是幫助你在有壓力的情況下得到平靜的有效捷徑。

咖啡因與平靜

除了活動身體、與人建立連結、練習冥想之外，如果我們攝取愈多身體需要的食物，就會愈平靜、愈有活力。稍後我們會再深入探討食物問題，但是首先來談談咖啡因。

為了瞭解咖啡因如何影響我的平靜感受，我在實驗中途決定進行另一項實驗，重新設定我對咖啡因這項藥物的耐受度。

開始實驗之前，我已經逐漸愛上用心沖泡一碗抹茶的晨間儀式。在寧靜的早晨，我從床上醒來，悠閒地走去廚房，把水加熱到攝氏80度。我開始意識到，這個儀式會讓內心得到平靜：先將抹茶粉過篩後形成均勻粉末，放進碗中，加一點熱水攪拌，讓抹茶與熱水均勻混合，接著注入更多熱水並持續攪拌，就能沖泡出一碗回甘又泡沫綿密的抹茶。如果需要更多能量，我會投入同樣熱愛的愛樂壓（AeroPress）咖啡儀式，但是我不準備在這裡詳細描述過程，這可能會讓你放下這本書永遠讀不完。這兩個儀式都被列入我的品味清單裡，只不過是以某種奇怪的方式，我非常熱切想知道，如果捨棄這兩個儀式一段時間，究竟會發生什麼事。

我決定長痛不如短痛，徹底戒掉這些習慣。第一天，我很驚訝，竟然感受不到戒斷症狀（前一天我喝了4杯咖啡，就當是最後的狂歡）。除了睡前有輕微頭痛之外，我感覺很棒，而且完成大量工作，之前我萬萬沒有想到可以做到。

第二天，我開始出現戒斷症狀，感覺整個人就像是被6噸重的連結貨車撞到。因為身體非常不舒服，那一天有段時間我必須躺在床上。為了開始實驗，我的咖啡因攝取量提高到大約是一天2到3小杯。但是實驗開始後不久我就明白，我已經過度依賴咖啡因。第二天我感覺好像得了感冒，工作進度緩慢，也沒什麼精力投入自己的嗜好，太太擔心我真的病了。她開玩笑對我說：「我不知道是不是要把你當成感冒病人看待，或者你正從化學品依賴（chemical dependency）中復原。」（結果是後者。）

幸運的是，最難熬的戒斷症狀到第三天稍微緩減一些。當天早上，我吞了一顆布洛芬（Advil）藥錠，消除頭痛，我的身體大致感覺很好，但是我還是繼續磨蹭、拖延時間。我無法像之前那樣有工作動力，但是有幾項專案的最後期限已經迫在眉睫，所以我還不至於過度頹廢。

戒斷症狀持續消退，直到第九天左右。我發現自己運動量增加、休息時間變多，偶爾我會服用布洛芬減緩頭痛，我也會喝更多水，對於減緩症狀非常有用。

到了第十天，我的精力已經回升到之前固定喝咖啡時的水準。我們多數人都將咖啡因視為刺激物，但真相是我們的身體會適應我們的咖啡因攝取量，直到咖啡因不會帶來任何改變。當我們習慣攝取一定數量的咖啡因，就需要持續攝取等量的咖啡因，才會感覺身體再度恢復正常。

當我適應更少量的咖啡因，就會覺得愈平靜，而且是平靜許多。少了咖啡因，我睡得很好，也因此更有精神、更平衡、更平靜，生活也變得輕鬆許多。（在我們追求平靜的過程中，睡眠是另一個應當加倍重視的類比活動。如果你的睡眠時間長期低於一般建議的7.5到8個小時，就應該要投入能促使你準時上床的夜間儀式，或是每天重複你萬分期待的晨間平靜儀式。缺乏睡眠是焦慮發作的常見誘因，所以建立睡眠衛生〔sleep hygiene〕就變得更為重要。[19]）

在重新調整咖啡因耐受度之後，我找到平靜，我的內心不再抗拒完成不重要的工作。我也不再因為工作中途休息而有罪惡感，因為我的內心比以前更安定。我也不再像以前那樣渴望分心。咖啡因會刺激多巴胺分泌，促使我們投入其他會刺激多巴胺分泌的行為。[20]（如果你很好奇，想要試試看，你可以攝取比平常還要多的咖啡因，然後觀察是否會渴望那些刺激程度較高、讓你分心的事物。）

在我重新調整咖啡因耐受度一個半星期之後，某天晚上大約9點，我發現我還是有些擔憂。這個時間點我通常精力旺盛，換句話說，在調整咖啡因耐受度之前，這個時間點我很難睡著。在開始實驗之前，如果當天我喝很多咖啡，睡前就會覺得精神百倍。當然，這一天我的精力來源和以前不同：我並沒有壓迫自己的身體，我的精力也沒有出現高低起伏的劇烈變化，我的精力不會因為攝取咖啡因而飆升、或是因為沒有攝取咖啡因而衰弱。我的精力長時間穩定地維持在高點。即使在一天結束之後，我依然充滿活力，不過這並不重要。

我的擔憂完全沒有必要：我躺下後沒幾分鐘就睡著了。

＊　　＊　　＊

咖啡因已經成為我們日常生活的一部分，但是它也是一種藥物，會讓我們變得愈來愈依賴它。如果你不想要戒除咖啡因，只因為你不想經歷戒斷症狀（包括短期內精神疲乏），那麼你很可能已經開始依賴這個藥物。

沒關係，可以確定的是，我不會告訴你應該和不應該吃什麼、喝什麼。但是咖啡因是很有趣的主題，我們應該要多加關注，才能理解我們的飲食會如何影響我們的平靜感受。整體來說，食物對我們體內神經化學物質的影響遠超乎我們的想像。

我們通常將咖啡因視為液體能量（liquid energy），不過更恰當的比喻是液體壓力，甚至是液體腎上腺素。當我們攝取咖啡因之後，我們的身體別無選擇，只能刺激更多腎上腺素和皮質醇分泌。事實證明，咖啡因會提高皮質醇分泌，另外也會促使壓力荷爾蒙（也稱為腎上腺素）的分泌增加大約 **200%**。[21] 即使我們的身體已經適應我們的咖啡因攝取量也是一樣。我們會進入高度警戒狀態，只因為咖啡因會刺激我們身體釋放這些壓力荷爾蒙，動員我們的身體完成工作。日常生活中的慢性壓力和焦慮會刺激身體釋放這些荷爾蒙，如果再加上咖啡因，就會讓我們的焦慮變得更難以忍受。

當我們攝取咖啡因時，並不會覺得有壓力，原因是這個藥物除了會釋放腎上腺素和皮質醇之外，也會促使前文提到的多巴胺（刺激）和血清素（快樂）分泌。我們會感到快樂、受到刺激，這些感受會進一步強化我們攝取咖啡因的習慣，也使得咖啡因戒斷變得更加困難，一旦不再攝取咖啡因，少了這些化學物質之後，我們的心情也會隨之跌落谷底。

值得注意的是，咖啡因對每個人的影響不盡相同。

多數人適應的咖啡因攝取量也很不一樣，我們的生理機制回應咖啡因的方式更是大不相同。有些人喝了幾口咖啡之後就會發抖，有些人可以一杯接著一杯喝，幾乎不會有任何不舒服的感覺。不論你的咖啡因攝取量是多少，當你感覺焦慮時，就應該要減少咖啡因攝取量。這是我重新設定咖啡因耐受度之後親身得到的啟發。

當我的身體和心理的壓力荷爾蒙減少之後，我發現在追求平靜的過程中，重新設定咖啡因耐受度確實非常有幫助（雖然有幾天會非常難受）。我對咖啡因變得非常敏感，你採取這項策略之後得到的效果可能和我不一樣。但是，當我熬過初期精神委靡的過度期之後，我發現自己不再那麼焦慮，我的想法也很少失控。我的心理能量更能完全燃燒，我的思維變得更清晰，生產力更能保持穩定；原本下午3點左右因為咖啡因作用力驟降，我會變得委靡不振，但是當我調整咖啡因耐受度之後，我的精力能夠一直維持到傍晚。現在的我愈來愈接近平靜狀態。

如果你攝取咖啡因之後會感到焦慮、心情低落或緊張不安，我建議你重新設定你的咖啡因耐受度。在這本書中，我已經要求你做好多事，而這大概是最讓人痛苦的一件事，僅次於多巴胺斷食，但是我認為你一定會發現這個實驗是值得的。最

終的成效一定會非常顯著。長期以來咖啡因攝取量一直被認為
與焦慮和恐慌發作有關，美國的精神疾病診斷手冊《精神疾病
診斷與統計手冊第五版》（DSM-5）甚至新增「咖啡因誘發的焦
慮症」（caffeine-induced anxiety disorder）診斷。[22] 因為咖啡因
對每個人造成的影響程度不同，所以它對你的影響很可能超乎
你的想像。

　　如果你面臨許多無法消除的慢性壓力，就不應該讓咖啡因
變成另一個壓力來源。

　　如果你決定重新設定你的咖啡因耐受度，以下提供一些建
議：

- **等到下次染上流感或是感冒時，試著重新設定咖啡因耐**
受度。 如此一來你的內心會將戒斷症狀歸咎於你生病
了，而不是因為戒斷某種藥物，因為其中有許多症狀
（畏寒、虛弱、昏睡）和流感很像。試著在週末或是星期
五開始重新設定咖啡因耐受度，這樣當你面對初期精力
衰退的現象時，就可以稍微放鬆一下。

- **你可以一次徹底戒斷或是逐步減少每天攝取的咖啡因。**
如果你想要一次徹底戒斷，方法非常簡單，你只需要將
每天固定的攝取量變成零就好。你也可以逐步減少每天
的攝取量，同時逐漸提高無咖啡因飲料的攝取量，取代
含咖啡因的咖啡或茶。

- **在重新設定咖啡因耐受度期間,一定要多運動、多休息、多喝水和多睡覺,保持你的精力,特別是第一週。** 這樣就能彌補因為咖啡因攝取量減少,導致精力衰退的問題。或者,如果你覺得好奇,可以繼續維持原本的作息,看看你對咖啡因的依賴究竟有多深。

- **小心留意「隱性」咖啡因來源。** 多數軟性飲料都含有咖啡因,12盎司的健怡可樂含有46毫克的咖啡因,相當於某些濃縮咖啡的咖啡因含量。[23] 低咖啡因咖啡一樣含有咖啡因,例如星巴克的低咖啡因咖啡其實含有將近30毫克的咖啡因。如果你選擇無咖啡因咖啡,必須確認是否是運用瑞士水(Swiss Water)處理法去除咖啡因,這種處理方式幾乎可以去除所有的咖啡因。

- **如果你覺得很難重新設定咖啡因耐受度,那就多喝含有茶胺酸(L theanine)的低咖啡因飲料**。茶胺酸是一種胺基酸,綠茶(和抹茶)都含有這種物質,可以大幅減少身體為了回應咖啡因增加而分泌的腎上腺素濃度。所以比較不會產生壓力反應。茶胺酸也被證實能有效提升專注力,減緩焦慮感受。[24] 基於上述原因,綠茶成了我最愛的咖啡因傳送機制。綠茶中含有的茶胺酸也會釋放一些多巴胺,**不論綠茶中是否含有咖啡因**都是一樣。換句話說,綠茶是非常好的咖啡替代品:你依舊能得到攝取咖啡因帶來的好處,卻又不會引發極端的壓力反應。

在最好的情況下，咖啡因會使我們很興奮、讓我們感到快樂，窄化我們的注意力，好讓我們只專注一件事情。如果是最壞的情況，咖啡因會導致我們陷入焦慮、為我們的生活增加不必要的壓力，但我們通常不自知。重新設定咖啡因耐受度或許可以幫助你確認自己究竟喜愛哪個陣營。

如果實驗結束後，你發現自己並沒有得到平靜，可以隨時恢復原來的設定。如果你和我（還有其他許多人）一樣，你可能會覺得很不可思議，自己竟然如此有活力，能夠得到深層的平靜。

酒後焦慮

談到含有藥物的飲料，喝酒同樣會擾亂我們體內的神經化學物質。酒精是我們很常飲用的藥，而且通常會過量。國家酒精濫用和酒癮研究所（National Institute on Alcohol Abuse and Alcoholism，NIAAA）在2019年進行的一項調查顯示，18歲以上的美國人當中，大約有54.9％在上個月有喝酒，25.8％在上個月曾經**暴飲**（binge drinking）。* [25] 讓人意外的是，在美國飲酒是主要的可預防死因之一，僅次於抽菸、不良飲食，以及身體

---

*　暴飲的定義是：飲酒的行為模式導致血液中的酒精濃度達到0.08克每分升（g/dL）。根據美國國家酒精濫用和酒癮研究所的資料，「大約在兩小時內女性喝下4杯以上或是男性喝下5杯以上」，通常就屬於暴飲行為。[26]

活動量不足。[27]

　　直到幾年前，我一直把自己歸在飲酒過量的族群。如果我連續好幾個星期沒有喝酒，一旦喝了酒，就會喝兩杯。如果我喝了兩杯，就會再喝第三杯。如果喝了第三杯，就會……你知道我要說什麼。對我來說，喝酒會產生「滑坡效應」（slippery slope）*，讓我分散注意力，暫時逃離眼前的問題和壓力。但是每當暴飲之後隔天早上醒來，我都會有些宿醉，而且感到焦慮、充滿恐懼。這種喝完酒之後的現象非常普遍，俗稱「酒後焦慮」（hangxiety）。

　　國家酒精濫用和酒癮研究所主任喬治・庫布（George F. Koob）言簡意賅地做出結論，「我認為宿醉多多少少是一種微酒精戒斷症狀，**而且焦慮是要素之一。**」[28]（粗體強調是我加上的。）

　　當你深入分析酒精會如何影響我們的大腦之後，就可以理解背後的原因：研究顯示，酒精會同時影響許多神經化學物質的分泌。[29]當我們喝酒時，會產生以下三種感受：興奮、快樂、放鬆。全都是愉悅的感受！但是這背後藏有玄機：歡樂之後，就是殘酷的落寞。

　　首先，酒精會促使我們大腦分泌更多多巴胺，而且是瞬間

---

* 譯注：一旦開始便難以阻止或駕馭的一系列事件或過程，通常會導致更糟糕、更困難的結果。

分泌。[30]這也難怪當我們喝完第一杯酒之後，很快就想要喝第二杯。不過，最重要的是，之後的酒精戒斷會導致多巴胺分泌減少。另外，當我們喝酒時，也會刺激血清素分泌，這是為什麼喝酒時我們會感到愉悅，因為我們仍在經歷這個藥物產生的作用。不幸的是，在戒斷階段，血清素的分泌會減少（至少某一項針對老鼠的實驗結果證實這個結論）。[31]酒精也會影響我們大腦內的 γ-胺基丁酸（GABA）濃度。[32] γ-胺基丁酸也是一種化學物質，會讓我們感到放鬆，本章提到的許多活動同樣會釋放 γ-胺基丁酸。不過，適量的飲酒會提高 γ-胺基丁酸的活動力，但是很不幸的，飲酒過量反而會導致大腦內的 γ-胺基丁酸活動力在短時間內大幅下滑。這時候我們無法放鬆，會覺得更緊張，很多時候甚至是陷入恐慌。

　　如果喝酒不會導致我們情緒低落，根本不需要費心討論這個話題。但不幸的是，一開始讓人感覺快樂、興奮的事情，最終往往走向被戒斷的命運，更別說上述三種愉悅感受最終都只剩下落寞。如果你和我一樣，發現酒精只會讓你變得更焦慮，包括到隔天早上也是如此，那麼你可能需要減少飲酒量或是徹底戒酒。（如果你發現自己非常依賴酒精，而且出現嚴重的戒斷症狀，就需要請求醫療協助。）

　　實驗期間，我的飲酒規則非常簡單：如果飲料本身是新奇的（例如一杯頂級的蘇格蘭威士忌，或是餐廳裡聽起來相當有趣、具有特色的飲品），我才會喝酒；或者喝酒本身是某個有趣儀式的一部分（例如參加家族品酒會或是慶祝太太達到某個成就）。

現在，小喝幾杯可能會讓你覺得快樂、放鬆、活力充沛。但事實上，喝酒可能只是先預支隔天早上的快樂、精力和平靜。

用飲食取得平靜

如果要寫一本書，探討類似平靜這種範圍廣泛的主題，必定會面臨這項挑戰：當你往後退到足夠遠的距離，你就會發現，我們所做的每一件事都會影響平靜感受。這是為什麼這是本書最長的一章。我們投入的每一項活動都會釋放不同的神經化學物質組合。到目前為止，我提出許多影響平靜感受的因素，例如花更多時間在類比世界、運動、花時間和人們相處、冥想、與咖啡因和酒精建立更健康的關係等等。除此之外，我還要提出另一個影響我們平靜感受的因素。這個因素非常值得我們花時間討論，那就是我們吃的食物。

壓力會影響我們的飲食，對我們的身體造成兩大傷害：**壓力會導致我們吃得更多，同時引誘我們吃得不健康**。如果我們能消除慢性壓力來源，採行有助於得到平靜的策略，消除剩下的壓力來源，我們就能更專心投入、比較不容易過勞，體脂肪率也會將低。

如果你對這主題感到好奇，接下來我就開始說明身體機制如何藉著保留脂肪來回應有壓力的情境。首先,當你面臨有壓力的事件,身體會充滿壓力荷爾蒙皮質醇。當體內充滿皮質醇時,身體會釋放葡萄糖(能量),這樣你的身體才有資源抑制壓力來源。

自有人類以來,多數時候我們都能善用體內的葡萄糖。因為當時的人類面臨實際存在的威脅,需要戰鬥或逃跑,而不只是坐著、釋放皮質醇,回應某些推文內容。換句話說,身體會消耗掉壓力提供給我們的葡萄糖。

但是現在,慢性壓力持續在我們的內在累積,就像是一個加壓鼓,我們血液裡的葡萄糖濃度開始升高。如果沒有消耗掉葡萄糖,我們的血糖濃度就會升高,胰島素也會隨之升高。[33]胰島素是一種荷爾蒙,負責將葡萄糖轉換成身體認為需要的能量。當血糖濃度和體內胰島素升高,身體會釋放被稱為飢餓素(ghrelin)的飢餓荷爾蒙,促使我們吃得更多、體重增加。

壓力會引發一連串連鎖反應:這是導致我們吃得更多、儲存更多體脂肪的第一張骨牌。隨著時間累積,壓力持續升高,葡萄糖和胰島素也隨之升高,不僅會導致體重增加,還有可能引發糖尿病和胰島素阻抗(insulin resistance)等健康問題。焦慮、憂鬱和失眠,其實都與胰島素分泌過量有關。[34]

如果你的體脂肪極度頑固、一直降不下來,不論你吃得多健康、做多少運動,尤其是如果你的脂肪堆積在腹部,那麼問題的根源很可能是慢性壓力。*

　　不論是哪種方式，即使你在有壓力期間吃得比較少，你所吃的食物也會和平日不同。在高壓期間，我們會吃更多讓我們心情愉悅的食物，包括巧克力、美味零食和烘焙食物，我們不太會去吃真正健康的食物，例如水果、蔬菜以及未加工的肉類。[37]當我們有壓力時，如果情緒低落，就會想要吃高油脂、高糖食物，這就是研究人員所說的「享樂獎勵」（hedonically rewarding）。[38]

　　這樣會形成壓力循環，尤其是精製糖、低渣食物和精緻穀類，都會導致皮質醇升高，就和咖啡因一樣。

　　幸運的是，壓力與食物之間的關係是雙向的。壓力會影響我們吃什麼、如何吃，**但是我們吃了什麼，也會影響我們的壓力感受。**

　　我們可以改變飲食方式，讓身體變得更沒壓力。攝取複合式碳水化合物，包括全穀類、水果、蔬菜、堅果、種籽、豆類等食物，可以降低體內的皮質醇濃度，促使更多快樂分子血清素分泌。根據《平靜的化學機制》（*The Chemistry of Calm*）作者亨利·艾蒙斯（Henry Emmons）的研究，糖與精緻澱粉除了會

---

* 有趣的是，不是每個人都會藉由吃更多來回應壓力。承受壓力時，有40%的人會吃更多，20%的人飲食量不變，40%的人吃更少。[35]一開始體重稍重的人比較有可能會吃得更多，或許是因為啤酒肚**本身**已經被證實會促使壓力荷爾蒙分泌。[36]

促使皮質醇分泌之外，還會引發惡性循環，因為「它會促使相關的荷爾蒙和細胞加速處理糖分，削弱它們製造能量的能力，同時傳遞訊號給腎上腺，持續分泌壓力荷爾蒙。」[39]

　　這是什麼意思？基本上，有助於減緩我們壓力程度的食物都有一個共通點：它們是營養食物，但並非工廠大量生產，也沒有經過高度加工。我們會比較緩慢地消化上述提到的複合式碳水化合物，我們血液中的葡萄糖不會瞬間飆高。如果我們能和20萬年前的祖先一樣，只吃生長在土地上的食物，就能得到更多的平靜。

　　如果你發現自己很想吃大量的加工食品，這就是明顯的徵兆，代表你還有一些慢性壓力沒有被消除。

找到適合你的做法

　　如果我們的飲食和生活習慣符合我們的生物運作機制，我們就會覺得更平靜。如果我們的生活方式必須依循有利於生存的生物天性，就得要做到許多事，包括遠離數位超正常刺激，每天花更多時間活動身體，和能提振我們精神的人相處，練習冥想，多吃一些不會導致血糖飆升、能讓我們長時間保留精力的食物。

　　這一章我提出許多想法，但如果想要一次改變所有事情，最後可能會落得自不量力的下場。你只需要從其中一、兩個比較容易做到的小改變開始，也許是最讓你覺得開心的一、兩個改變。接著你就會看到一些習慣會一直持續下去、讓你內心變得平靜，這些習慣就應該要保留，然後捨棄其他對你無效的習慣。

最有效的做法，可能完全出乎你意料之外，至少我的情況是如此。當我開始少吃加工食品之後，我的追求平靜之旅便有重大進展。身為一位熱中外送食物的消費者，見證更健康的飲食如何影響我的平靜感受之後，我覺得非常不可思議，但也因此點醒我：我不記得有多少時候，如果我的狀況良好，飲食就是我最愛的娛樂消遣，但是當我狀況不好的時候，飲食就成為逃避的「緊急出口」，麻痺我的焦慮感受。大多數人都有這些緊急出口，藉此逃避不舒服的感受。但是這些緊急出口只是自我強加的壓力來源，好讓思緒遠離我們所面臨的**其他**壓力來源。緊急出口有非常多種，包括過度飲食（以前我很常這樣）、衝動消費、用藥（包括酒精、大麻、甚至是咖啡因）、玩電玩遊戲（包括「地鐵跑酷」等簡單的電玩遊戲），或是轉向數位分心，例如新聞和社群媒體，我們等於是用另一種壓力形式轉換原本的壓力。

類似的活動可能會帶給我們娛樂和歡樂，即便是刻意這麼做也是一樣。偶爾過一次「多巴胺之夜」也很好，你可以投入你最喜歡、能刺激多巴胺分泌的習慣。但是如果我們利用這些習慣去逃避壓力和負面情緒時，就必須記得，放縱過後依舊要面對那些壓力，而且這些緊急出口甚至會在我們身上**增加**新的壓力。

　　如果你發現自己常常會不自覺地放縱，一定要仔細觀察是什麼原因觸發你的衝動。線索包括出現某些人、某種情緒（例如無聊、孤單或嫉妒）、一天當中特定的時間點，或是先前某個行為引發你的衝動。就我的情況來說，每當我因為工作相關的某件事讓我感到有壓力，我就會不自覺暴飲暴食，吃更多不健康的食物，想要藉由吃東西的行為逃避壓力。另外你也要留意，在這個過程中你會如何自我對話，如果你對自己太嚴厲或是說話的內容不真實，就一定要提出質疑。

　　如果你將一個精美的水晶玻璃杯放進冰箱裡，一星期之後將滾燙的熱水倒進玻璃杯中，玻璃杯很可能會破裂。同樣的道理，如果你不斷在高度壓力和高度放縱的狀態之間來回，你也會無法承受。

　　幸運的是，開始採行本章提出的策略之後，你會發現精力開始慢慢回升。其中某些習慣甚至會成為你的「基石習慣」（keystone habits）。基石習慣是第一張骨牌，後續會引發其他一連串的行為習慣。舉例來說，我發現冥想是降低刺激程度的捷徑，讓我不會那麼容易分心，有更多時間運動和閱讀，讓我感覺更平靜。有些行為習慣也會讓你產生類似的感受，例如做有氧運動，閱讀非文學書籍，喝綠茶而不是咖啡，維持相同的睡眠作息。

我們的習慣絕不可能單獨存在，它們會彼此相互影響。

關注那些能讓你得到平靜的習慣，以及符合生物天性卻因為你花太多時間在數位世界、早已遺忘許久的類比活動。你必須在生活中投入更多類似的習慣以及類比活動。

如此一來，你將能拿回更多時間，這正是下一章要討論的主題。

第 8 章

平靜帶來
更高生產力

所謂成功的人，就是一整天待在河邊，卻不會有任何罪惡
感的人。

——佚名

IKEA 椅子

如果要說一件我很享受但是其他人無法忍受的事（僅次於
閱讀學術期刊），那就是組裝宜家（Ikea）家具。對我來說，組
裝這家瑞典公司生產的任何產品，讓我感到特別滿足；依照說
明書的指示一步步組裝，最後看到一座梳妝臺或是櫥櫃出現在
眼前，這對我來說真的是非常滿足。整個過程非常簡單，不需
要花太多腦筋，但是到最後會得到某個看得到、抓得住而且可
實際使用的物件。能立即得到回饋，當愈接近完工，就會看到
愈多零件已經被組裝完成；組裝工作是高度觸覺化的工作，和
白天的工作很不一樣（先不談機械式鍵盤）。

就在我啟動平靜之旅（後來變成了這本書的主要內容）前
不久，我和太太在宜家訂購幾張廚房椅子。

不巧這些椅子在週間送到我家，而週末我因為工作需要出
差。身為家中的家具組裝長，實在抵擋不住擁有新椅子、組裝
全新宜家家具的雙重誘惑，於是我決定吃完午餐後就開始組
裝。一整個下午我開心極了，當天早上也完成許多工作，組裝
家具不僅讓我可以暫停工作、做一些有趣的事情，還能分散我

的注意力。

　　我想對了一件事：組裝椅子只需要幾小時就能完成。但是，我卻完全誤以為自己會很享受整個過程。千萬不要誤會我的意思：實際組裝時，我還是像以往那樣覺得滿足。只是我事先沒有想到，組裝時我的心裡會產生哪些想法。當我暫停工作的時候，竟然會產生罪惡感。

　　坐在6個箱子旁邊，我立刻開始思考時間的機會成本，想著可以做其他「更有意義」的事，而不是組裝椅子。可以寫文章、準備演講、為我有能力幫助的客戶提供諮詢。此外，遠離超正常刺激所引發的罪惡感非常真實，而且觸手可及。電子郵件不斷累積，一堆社群媒體訊息沒有回覆，還有許多業績指標等著我去查看。我不僅當下感到焦慮、坐立難安，甚至覺得自己做錯事情，心裡充滿疑惑，不斷浮現各種負面的自我對話。

　　重新回想這段期間油然而生的罪惡感，我發現了幾件事。首先，組裝家具時，心裡會有不舒服的感覺，這個活動的刺激程度比平常其他活動的刺激程度低。此外，捨棄成就思維也會讓我有罪惡感，如果是在週末或是在生產力時間以外的其他時間組裝椅子，我會更享受整個過程。同樣的任務，產生不同的觀點。

　　我沒辦法專心投入組裝活動，所以無法真正充電。我也回想起自己犯下的所有錯誤，曾有一度6張椅子全部組裝錯誤，某些步驟得重新來過，整個過程花費的時間比預期更長。

　　最後完成的時間之所以超出預期，是因為當時我沒有後退一步，想辦法讓自己靜下心。焦慮削弱我的注意力、專注力以及組裝的快樂感受，此外過勞也使我無法全心投入組裝。因為不必要的焦慮心理，導致生產力停滯不前。

找出影響生產力的因素

　　現在就來努力學習一個概念，我認為這個概念非常吸引人，而且當你開始努力尋找平靜，就可能真正靜下心來。這個概念就是：努力尋找平靜，會讓你更有生產力。

　　最有效的生產力建議不僅能讓我們贏回時間，還能達成更多想要取得的成就。但是，這些生產力建議遺漏某個很重要的環節。多數生產力建議都只強調有哪些方法可能幫助我們完成更多工作。如果只關注這點，我們就無法深入思考，是什麼原因導致**達成的成就不及我們能力所及**。我們必須找出可能有哪些因素影響生產力。

　　比方說，在工作上盡可能提高生產力，如果這是你的目標，你應該把注意力同時放在兩種類型的生產力建議。首先，把注意力同時放在能讓你更有智慧、更謹慎完成的策略，以及真正重要的策略。遵循這項建議，必定會讓你心情愉快，因為立即就能看到成果。你可以規畫一週行事曆、製作待辦事項清單、拒絕不重要的工作等，只要開始執行就能看到成效。一旦看到成效，就更可能繼續堅持下去。

　　至於第二類的建議比較不容易掌握，而且時常被忽視，但如果你真的很在意自己的生產力水準，這類型的建議就非常重要。除了要找到方法完成更多工作之外，還要必須思考是什麼原因導致你無法盡全力完成更多工作。也就是說，要留意是哪些變數限制了表現，你卻不自覺。許多因素形成不必要的障礙，限制能達成的成就，本書中也提到許多因素，例如：

- 因為面臨慢性壓力而變得過勞時，就無法專心投入眼前的事物。
- 刺激程度過高，就會更常拖延、浪費更多時間，因為從事真正必要的事情，必須降低刺激程度。
- 不斷想要更多，導致你過度依賴多巴胺，削弱你專注當下的能力。
- 花太多時間盯著螢幕，只會累積更多不被看見的慢性壓力來源。
- 焦慮時的自我對話會蒙蔽你的判斷，讓你分心，無法專心思考真正重要的事情，包括規畫專案、產生想法、思考目標。
- 持續思考時間成本會無法沉浸於當下。

　　這裡只列出其中一小部分。這些因素很難用生產力技巧化

解，而且如果不好好處理，就很難得到平靜，會變得更焦慮、
生產力更低。

焦慮與生產力

關於這點，現在就來精確計算，焦慮時我們的成就會減少
多少。

基於先前提到的所有原因，本書不只談論平靜，也與生產
力有關。第一種生產力建議（也就是讓我們更聰明工作）很吸
引人，能促使我們完成更多工作，尤其在一開始的時候。但是，
如果過度投入這類建議，卻沒有解決生產力低落的根本問題，
我們的生產力仍會低於預期。如果長時間不去留意自己還保有
多少能量，包括心理、情感，甚至精神層面上的能量，就更難
提升生產力。

如果你懷疑焦慮的心理狀態會如何破壞認知表現，甚至沒
必要相信我的話；你可以從生活中舉出非常多例子，驗證這個
現象。舉例來說，回想你最後一次在一群人面前演講（如果這
類活動會讓你緊張）。你可能很害怕這種活動，公開演講就和死
亡一樣，是我們最恐懼的事情之一。[1]

你還記得演講前幾秒鐘處於什麼樣的心理狀態嗎？能否迅
速集中注意力？或是一直苛責自己，這些負面的自我對話劫持
你的注意力？你的心理能否同時應對各種不同情境，例如和身

邊任何人心平氣和的對話？或是你總是忙著煩惱接下來該說什麼？假設在上臺前，某個人要求你校對需要非常專心閱讀的內容，你有辦法全神貫注嗎？

演講開始之後，你能順利講完嗎？

你會記得自己的演講內容嗎？

或許你很幸運，或是從沒有在一大群觀眾面前演講過，又或許你曾在人數不少的觀眾面前演講過，所以能跳脫這些焦慮思維模式。如果真是如此，想一想上一次搭飛機，遇到亂流的時候。如果當時你正在閱讀，是否需要重新閱讀相同段落好幾次？如果當時你正在收聽 podcast 或是看電影，是否需要倒轉，或是自行想像、設法填補遺漏的內容？

以下列舉一些例子，讓你瞭解焦慮會如何傷害認知表現。如果你感受到焦慮，即使非常輕微，還是會影響生產力，只是你沒有察覺。在面對日常工作時，你不會像在演講時、在機上遇到亂流時，或是在百貨公司找不到小孩時那樣，整個人僵住、完全無法思考。但是這些都是很好的極端案例，證明焦慮會如何削弱注意力和生產力，只是我們沒有察覺。

諷刺的是，焦慮會讓人無法察覺到自己的表現已經受到影響，除非一開始就特別留意，否則不可能做到。

焦慮與注意力

　　工作記憶容量（working memory capacity），我稱之為「注意力空間」（attentional space），是一種認知能力衡量指標，做任何事幾乎都需要使用工作記憶容量。這是屬於短期記憶，負責將資訊留存在大腦裡，讓我們隨時能處理和思考事情。如果我們需要使用到愈多心理空間，就會思考得愈深入，一次可以處理的資訊會愈多，表現也會愈好。注意力空間愈大，就能提供更多容量，反思生活中發生的事件。工作記憶會運用各種方法提升思考能力，包括協助規畫、理解、推論、解決問題，以及其他重要功能。[2]

　　很久以前研究人員就知道，當我們愈焦慮，生產力就愈低，兩者之間的關係已經研究超過半世紀的時間。研究人員提姆・摩蘭（Tim Moran）曾進行一項統合分析，最後得出以下結論：「認知缺陷（cognitive deficits）如今被普遍認為是焦慮的重要要素。」[3]目前已經確定，焦慮會透過許多不同方式阻礙我們的表現。首先，焦慮確實與「閱讀理解與數學解題表現較差」有關，甚至與「標準化智力測驗與一般性向成就測驗分數偏低」有關。

　　研究顯示，表現變差的共同原因：認知能力（cognitive capacity）下降。[4]焦慮會嚴重傷害認知能力，導致我們的資源變少，無法深入思考。至於焦慮會讓內心的暫存空間縮減多少，不同研究得出的結論相互矛盾，不過摩蘭發現，焦慮會導致注意力空間縮減大約 16.5%。[5]

乍聽之下只是一個小數目，但即使是微幅縮減，也可能引發嚴重後果。更別說這只是焦慮影響認知能力的其中一**種**方式。一旦注意力空間縮小，就表示任何時刻我們能處理的資訊量會變少。如此一來，我們就沒有那麼多的心理自由去思考、整合不同想法、連結資訊、理解眼前的世界。我們或許不會像在飛機上遇到亂流時那樣沒有生產力，但是也差不了太多。

焦慮會削弱成就能力，消耗寶貴的注意力，讓人更沒有能力活在當下。

當然，如果工作愈需要認知能力，不論焦慮程度有多高，表現就愈是會受到影響。如果工作牽涉重複性的動作，不需要耗費太多心思，也不太需要和其他人建立關係，那麼陷入焦慮可能不會太影響表現。

但是，也有可能面臨相反的情況。現在有不少人是以知識型工作維生，也就是運用大腦、而不是雙手工作。

如果從事知識型工作，擁有較大的工作記憶容量會很有幫助。不必相信我，不妨回想一下，你在哪些時候會比現在平靜，不會被潛在的焦慮壓得喘不過氣來。可能是與朋友長距離健行後隔天，或是斷開工作、放鬆度假完之後，感覺整個人神清氣爽。當你不會因為焦慮的想法分散注意力時，思緒會變得多清晰？能多投入眼前的工作？如果擁有更多心理空間，是否會產生更多想法、與身邊的人有更多的連結，感覺自己擁有足夠的認知資源，可以自由運用來從事有意義的工作、過好生活？

只需要一點點的心理能量，就能做到很多事。

為了更瞭解焦慮會削弱多少心理能量，我聯繫了摩蘭，想要知道自從他在2016年發表被多次引用的統合分析之後，他的想法有哪些轉變。雖然數字沒有太大改變，但是我們聊天時，他提出了一個想法，我覺得非常有意思：除了工作記憶之外，焦慮似乎與某個**限制整體認知表現**的因素有關。摩蘭表示，「焦慮影響這麼多實驗任務及真實生活情境的表現，原因是它會影響更高階的一般能力，例如我們對於注意力有多少掌控能力，甚至在面對相互競爭的資訊時，我們是否有能力保持專注。」[6]

換另一種方式來說，焦慮不僅會導致工作記憶容量縮小，還會嚴重影響心理。不論從事哪種類型的工作，都必須重新奪回失去的心理能量。

摩蘭的預感並非胡亂猜測，這是他鑽研上千份與焦慮、認知表現有關的研究之後得到的想法。新的研究結果也支持他的結論，這份研究顯示，焦慮除了會占據寶貴的注意力空間之外，也會削弱我們對於注意力的**掌控**能力，促使我們更關注「與威脅有關的刺激」。[7]

當我們變得更焦慮時，可以運用的心理資源就會減少。焦慮使得專注變得異常困難，而且會把更多注意力放在新奇的威脅，包括一開始加深焦慮程度的壓力來源。

如果投入愈多腦力到工作和生活中，我們的工作和生活就愈能獲益。不幸的是,焦慮會奪取寶貴的心理資源,這些資源原本能幫助我們提高生產力,過著有意義的生活。

在這種情況下,我們必須努力追求平靜、減少焦慮感受,即使這麼做需要花費時間和精力,但是能幫我們省下比想像中還要多的時間。

現在就來計算可以拿回多少時間,這會是非常有趣的思考實驗。

拿回多少時間

再一次強調,每個人先天的基因不盡相同,生活方式和工作職務也大不相同。除此之外,焦慮對每個人的影響程度不完全相同,尤其針對不同類型的任務更是如此。注意力空間用以完成以下三件重要工作:操縱和連結**知識**,處理**視覺**資訊,以及處理**聽覺**資訊。[8]根據焦慮表現形式,會對認知表現產生不同的負面影響。

感覺焦慮時,你通常會發現自己只關注焦慮的**想法**,這時候工作記憶中的推理功能就會受到最嚴重的傷害,很難合理地思考。如果你發現自己開始將以前的焦慮經驗視覺化,注意力空間中的視覺空間暫存區就會受到最嚴重的傷害,可能無法順利完成視覺和空間工作。如果你發現負面**自我對話**開始失控,注意力空間中的音韻(語言)元素就受到最嚴重的傷害,你可能無法有效和其他人溝通。

先將這些想法記在心裡，接下來就來粗略計算，平靜能省下多少時間。為了說明可以拿回多少時間，我們先提出一個極端保守的假設：焦慮限制我們表現的**唯一方法**就是縮減工作記憶容量。此外，假設工作記憶與生產力之間呈現線性關係。換句話說，注意力空間每減少一個百分點，每天的生產力就會下降一個百分點，因此完成工作需要的時間也會拉長。根據我們對這個心理暫存空間的依賴程度來看，這應該是非常保守的設定。

注意力空間縮減16.5％，就需要更長的時間才能完成工作。這個差異遠比我們想像的還要巨大：如果實際上有8小時的工作量要完成，現在同樣的工作量需要**9小時19分鐘**才能完成。

如果你發現因為與周遭有更多連結，你比往常還要忙碌，但是你想了一下，工作量其實和以前差不多，那麼焦慮可能就是原因。（因為工作量是導致過勞的重要因素，所以多出來的時間也會影響你對工作的投入程度。）

焦慮不一定要達到臨床診斷標準才會影響表現，一般的焦慮至少會讓生產力下滑超過16.5％，因為工作記憶容量只是受焦慮影響的其中一個面向。

平靜既然能帶來這麼多好處，包括讓人專心投入工作以達到實質進展，所以想提高生產力，平靜絕對不可或缺，特別是焦慮的時候。如果你很重視生產力，上述數據已經提供明確的答案：應該要努力追求平靜。

工作上的罪惡感

當我們追求平靜時，會因為某些原因產生罪惡感。

罪惡感的第一個來源是，覺得**時間運用缺乏目的性**。如果工作時沒有經過深思熟慮，就會開始擔心時間的機會成本，因為我們會懷疑自己是否把時間花在最有意義的活動上。

這種罪惡感很容易化解，只需要採取能讓你更謹慎工作的策略即可。你要嘗試第一種類型的生產力建議：如同俗話所說，更聰明工作、而不是更努力工作。找出工作上和生活中必須優先處理的三件事，和你的主管一起決定最重要的任務，或許可以每小時設定鈴聲提醒自己（許多智慧手錶都具有這項功能），時時檢視手邊正在處理的工作。如果想要進一步探險，甚至可以挑一本生產力書籍來看。

第二個導致罪惡感的常見原因是，**行動不符合我們的價值觀**。現代文化不允許「不活動」（inactivity）。當我們接受當代文化認同的價值觀，也就是生產力、成就和持續進步的重要性優於一切，那麼追求平靜、比較沒那麼忙碌時，心裡就會產生罪惡感。畢竟，我們在那段期間沒有努力工作。

就某種程度來說，多數人都很重視生產力。如果你也是，那麼第二種罪惡感完全沒有必要，原因有二：

- 因為它很容易掩蓋平靜能如何幫助我們達成目標的事實。
- 我們出乎意料的不擅長如何衡量自己有多少生產力。

之前的段落有稍微討論第一點。假設現在你有一點焦慮（非常輕微），原本8小時的工作量，你需要花費**至少**9小時19分鐘才能完成。也就是說，如果每天工作8小時，你常會加班到很晚，到了晚上還是無法擺脫工作，週末甚至是休假時也需要花幾小時工作，避免進度落後。這樣可能會形成負向的能量循環，累積更多慢性壓力，更別說即使工作減少，你也無法真正享受空閒的時間。多巴胺會促使更多多巴胺分泌，刺激會引發更多刺激，焦慮會引發更深的焦慮。

當然，工作時注意力空間大小只是其中一種關鍵的衡量指標。它很重要，也說明為何焦慮會導致思緒變得緩慢，導致記憶力和資訊處理能力下滑；不過還有其他因素產生作用。焦慮不僅會縮減注意力空間，還會促使我們去關注比較不重要的事物。焦慮時會特別關注負面或是具威脅性的事物。當人們陷入焦慮時，就會出現研究人員所稱的「威脅偏誤」（threat bias）現象，正如你的猜測，會更注意周遭環境裡任何具有威脅性的事物，包括負面新聞報導以及腦海中的災難化想法。[9]

　　除此之外，焦慮會透過其他方式降低生產力。貪多心態及超正常刺激會促使我們建立刺激多巴胺分泌的習慣，渴求更多讓人分心的事物。焦慮使得我們無法全心投入、陷入過勞。超正常刺激會導致我們處於較高的刺激程度，而非能夠感受到平靜的最佳刺激程度。有助於提高生產力的任務多數的刺激程度都較低。

　　焦慮會透過許多不同方式影響表現，所以不難理解為何 8 小時的工作量需要大約 9.5 小時才能完成。

　　如果把所有焦慮引發的後果計算進去，就會發現上一段的數據相當保守，不過從這個數字就可以明顯看出，平靜能幫助我們破除那些生產力障礙。我們甚至可以計算類似「損益點」的數值，也就是超過這個臨界點，就不值得進一步追求平靜。假設額外產生負面影響，例如無法全心投入、認知能力下滑、更多刺激、更多自我對話、無法專注當下，那麼每天除了已經損失的 1 小時 19 分鐘之外，還需要多花 25 分鐘才能完成工作。實際損失的時間其實非常多，不過先保守計算，這樣幾乎所有人都能重新拿回這些時間。前面已經計算出的心理暫存空間縮減會損失的時間，再加上這 25 分鐘，那麼因為焦慮、無法有效工作而損失的時間總計為**1 小時 44 分鐘**。

　　換句話說，如果從事知識型工作，我們每天可以花將近兩小時努力追求平靜，甚至還不用**考量**生產力是否正在下滑。

　　當然，你不需要每天花這麼多時間追求平靜。本書提供的多數技巧，包括面對慢性壓力，練習專注當下、消除超正常刺激，即使真的需要花時間，花掉的時間也非常少。另外像是多巴胺斷食等技巧，甚至在一開始就能幫助你省下不少時間。幾乎所有需要花時間的技巧，在前一章都有提到。

焦慮故事的寓意很簡單：如果重視生產力，就要努力克服焦慮，找回平靜。努力追求平靜，就能提高生產力。

更棒的是，沒有理由因為追求平靜而產生罪惡感，即使會忍不住去想所有應該去做、更有「生產力」的活動。事實上情況正好相反：你應該要因為**沒有**努力追求平靜而有罪惡感，因為平靜能大幅提高生產力。

・　　・　　・

我必須坦誠，如果你決定花時間實行本書提到的策略，雖然理智上可能明白這些技巧能幫助你更有生產力，但你**還是會**因為花時間投入這些技巧而有罪惡感。至少我是如此，尤其是一開始的時候。

產生罪惡感的時候，要提醒自己，努力追求平靜，就會不自覺得變得更有生產力。然後，趁此機會反思為什麼會有罪惡感。

這也是非常難得的機會，促使你思考一開始要如何衡量生產力。

忙碌偏誤

衡量自己多有生產力很不容易。一般來說，如果工作愈需要運用認知能力，就愈難衡量有多少生產力。如果需要大量運用思考能力、而且很複雜的工作，那麼投入時間、注意力和精力所產生的成果，也相對變得複雜許多。

回想以前多數人在工廠生產線工作的情形。當時的工作非常簡單，只是不斷重複相同的動作，每天工作結束可以直接計算出生產力。在既定時間內製造愈多小零件，就代表愈有生產力。以8小時的輪班時間來計算，如果能在這段時間製造8個小零件、而不是4個零件，就代表生產力成長一倍。製造的產品數量與個人生產力之間呈現線性關係。

但如果是知識型工作，就無法藉由產出數量來衡量我們的生產力。

如果要撰寫一篇1,600字的報告，你可能會認為生產力是撰寫400字報告的四倍。但如果400字報告在公司內部引發更多變革呢？如果這份報告促成更多溝通，而且節省每個人的時間呢？

還有另一個問題與罪惡感有關，值得我們省思。1,600字和400字報告相比，哪一份報告讓你**覺得更有生產力**？

如果採取傳統方式衡量生產力，那麼你可能會認為，需要花較多精力或較長時間完成的報告比較有生產力，而不是真正帶來改變或是最實用的報告比較有生產力。

　　這些就是我們告訴自己的生產力故事。就某種程度而言，我們仍舊是根據產出與能量消耗來計算生產力，即使是面對知識型工作時，也是採取相同的思維，但事實上，知識型工作的產出、努力和生產力之間的關係早已斷裂。

　　多數人不會深入思考該如何衡量自己的生產力。但是工作占據我們人生很大一部分時間，即使只是去做該做的事、不讓自己成為絆腳石，還是應該要花時間思考以下的問題：**我們應該如何衡量自己的生產力？**

　　如同可以透過許多方法衡量一天過得好不好，就某種程度上來說，我們會不自覺用一些方法衡量生產力。

　　很多人覺得自己忙得不可開交、已經達到極限，就更容易注意到顯示這一整天很有生產力的明顯線索。人們多半會看到自己有多努力、實際投入多少努力去完成工作。只要看到證據顯示我們很忙碌，就不會產生罪惡感。如果回顧過去發現某一天的活動力較差，我們整個人就會被罪惡感吞噬，但是心情放鬆、態度謹慎時，能達成的成就必定會比不斷被刺激性事物分散注意力的時候還多。

　　觀察自己多麼努力工作並不是一件壞事；還有比這更糟的生產力衡量方法。但如果我們要衡量認知型工作的生產力，那麼我們想要運用種方式衡量生產力的衝動就會瞬間瓦解。尤其是，如果我們只在乎付出自己多少精力，我們就無法好好充電，或是在我們應當專心思考專案和想法時，我們仍持續工作。瞎忙只會累積更多慢性壓力，在第 2 章有討論過這個問題。

　　這樣也會妨礙我們產生想法。如果你是忙碌的高階主管，在外人看來，中午時在公園散步可能沒什麼生產力。但是這麼做如果可以讓你想到某個價值 10 億美元的點子，那麼在公園散步這個行為對公司的貢獻度，必定比花 **10 年**時間回覆電子郵件還高，這就是你最值得花時間的活動。雖然**覺得沒那麼有生產力**，但是讓你平靜、活力充沛，而且找到方法，做出更有重大的改變。同樣的，如果你是電腦工程師，你減少工作時數，增加更多休息時間、分散注意力，好好思考還沒有解決的問題，可能幫你省下更多時間。或者，如果你是行政助理，降低刺激程度或許會讓你覺得生產力下滑，但是在更舒適的刺激程度能處理更多專案。

　　內心平靜，會更深思熟慮，也會更有生產力。如果你覺得必須持續「拚命工作」，你可能只是沒有看到能幫助你更聰明工作的機會，包括將部分工作內容自動化、努力尋找平靜。

　　衡量生產力有個技巧是，反思達成多少成就。平靜時之所以會有罪惡感，是因為比較不忙碌，就會**覺得**自己沒有什麼進步，因此一定要提醒自己已經取得哪些成果。我們很容易觀察錯誤的線索，誤以為自己一整天很有生產力，例如工作有多努力、信箱裡累積多少封電子郵件，或是感覺有多疲累。所以，必須找到具體資訊，證明我們花時間得到哪些成果，這點非常重要。畢竟有可能我們努力工作、清空信箱裡的電子郵件、感覺非常疲累，但是真正重要的專案卻沒有任何進展。

必須定期追蹤自己達成哪些成就，尤其是在變得更平靜、不過度忙碌、更有生產力的時候。*

化解罪惡感的技巧

多數人都希望自己更有生產力、達成更多成就。但實際上，我們內心在衡量生產力時，只會注意到有多忙碌、投入多少精力，而不會在意是否能專注當下、是否經過深思熟慮。幸運的是，可以透過許多方法解決這個問題。如此一來我們就能提醒自己達成多少成就，追求平靜時比較不會有罪惡感。

如果要克服罪惡感，就必須思考自己達成哪些成就，這樣我們就能理性分析一整天的工作成果，而不是反射性地、帶著批判的眼光衡量自己的生產力。這種心理的偏誤通常被稱為「蔡格尼效應」（Zeigarnik effect）（以心理學家布魯瑪·蔡格尼〔Bluma Zeigarnik〕的名字命名），我們會一直記得還未兌現的承諾，而不是已經完成的工作成果。[10] 此刻混亂的臥室櫥櫃在

---

* 應該這麼說，在辦公室裡，如果看起來愈不忙碌，就會顯得愈沒有生產力。我們不懂得衡量自己的生產力的方法，其他人也不懂得如何衡量我們的生產力。法國詩人皮耶·雷維第（Pierre Reverdy）曾說過，「沒有愛，（只有）愛的證明。」同樣的道理也適用生產力。在理想世界，工作表現是依據能達成多少成就來衡量，但是在某些情況下，除了衡量你多有生產力之外，也必須思考你看起來多有生產力。一定要留意你的生產力證明。

我們心中所占的分量，可能比這一生達成的所有成就總和還要高。

以下是我認為很有幫助的策略。

- **寫下每天的成就清單**：每天寫下你能完成的所有事情。這個技巧我提過好幾次，因為蔡格尼效應的影響，我們很快會忘記一整天達成哪些成就。一天結束之後，重新檢查你寫下的所有項目，提醒自己哪些工作已經完成、卻被徹底遺忘。一般來說，你完成的工作量會比你以為的還要多。如果你覺得自己一整天沒有任何進展，這個技巧會很有幫助。

- **同時，寫下長期成就清單**：除了每天的成就清單之外，從2012年開始，我也會在電腦裡保留一份檔案，記錄生活和工作上達成的成就，從週年紀念到完成的專案，再到事業達成的重要指標。每年我會列出15到20個成功達成的里程碑或是成就，每個月一開始重新檢視這份清單不僅能改善心情，也會讓我更有衝勁。

- **如果你有寫下待辦事項清單，或是使用工作管理員（task manager），每天結束時重新檢視自己完成哪些工作**：一天結束之後，你會如何處理待辦事項清單？如果開始這個計畫之前，你和我一樣選擇寫在紙上，一天結束後可能會把它揉成一團丟掉；如果使用工作管理員，

275

你可能會讓已經完成的工作事項在數位世界裡徹底消逝。每天結束後，一定要重新檢查你畫掉哪些項目。此外，不要害怕將一些不打算完成的工作項目加入清單裡。在清單裡增加新的項目、然後再把它畫掉，這種感覺會很棒（雖然你沒有刻意追求成功，但並不代表不會成功）。

* **一天結束之後，記錄這一天過得如何**：一天結束之後，設定幾分鐘的時間，記錄這一天過得如何；達成哪些成就？如何謹慎地工作？哪些事情進展順利？下一次可以改進哪些地方？包括工作時可以對自己好一點。記得利用這個機會思考哪些事情進展順利，而不是苛責自己、想著要如何改變。在你退出生產力模式之前，這是很有效的技巧。

這些技巧會讓你瞭解，你比自己以為的還要有生產力；尤其是在你沒有用忙碌塞滿的那些日子。

開始採行這些技巧之後，一定要反思在追求平靜之前和之後各達成多少成就。

追求平靜幫助你不會過度忙碌，思慮更周全、更謹慎，行動更有目標。透過這些方式，平靜可以拓展你的能力，讓你完成更多工作。如果你希望進一步消除追求平靜時產生的罪惡感，不妨想一想平靜為你的工作帶來哪些改變。在內心進行前後對照,能進一步強化你培養的習慣。

雖然人類大腦已經有超過20萬年的歷史,但是我們擁有許多技能,包括邏輯、推理和創造力。可惜不巧的是,精準衡量生產力並不包括在內。

愈平靜愈有生產力

我之所以開始這段旅程、完成這本書,主要是為了消除我的焦慮。我感到焦慮、坐立難安,心裡非常難受,我知道我必須做些改變。此外,如果我採行的生產力建議導致我過勞,就代表這個建議無效。雖然對我來說,生產力是很重要的興趣(誰不希望自己能完成更多想做的事?)如果我無法找到方法避免焦慮和過勞,我就不能確定繼續追求生產力是否值得。

不過,就在沿著光譜從焦慮移動到平靜的過程中,我碰巧發現非常不同的想法。以前我只是想盡辦法提高生產力,而不是追求平靜,其實我遺漏某個重要的生產力要素,這個要素讓我的工作和生活更能長久持續、更有意義、更有樂趣。

焦慮不只會導致生產力**下滑**,平靜讓我們**更**有生產力。不妨想像一下,鎮靜自若的領導者承受著龐大壓力做出困難的決策;記者在30分鐘內寫出內容緊湊的500字突發新聞報導;醫生只要走進病房就會讓病人感到安心。談到生產力,平靜是重要關鍵。

　　內心得到平靜，就能達成更多期望的成就。在焦慮的環境裡，如果能保持內心平靜、深思熟慮，如果能活在當下、保持專注、抵抗分心的誘惑，就會更有生產力。只要降低刺激程度，就能輕鬆維持專注力；如果能專注當下，就能避免過勞，更能全心投入整個過程，更能享受工作和生活，達成更多真正重要的成就。

　　沉迷於多巴胺和壓力，讓我們感覺自己很有生產力。但是之前說過，那只是生產力假象。我們輕易就能看出我們的文化重視哪些價值觀，例如：累積、消費與獲得**更多**，這些價值觀會阻礙內心平靜，尤其是長期而言。

　　第一類的生產力建議，也就是更聰明工作非常重要。但是如果身處的環境充滿各種慢性壓力以及刺激多巴胺分泌、讓人分心的事物，保持內心平靜同樣很重要。

•　　•　　•

　　當我們全心專注當下、只關注一件事情，就能達到某種程度的寧靜狀態。你會感覺整個人沉浸其中，與自己投入的活動合而為一。你不是在敲打釘子，鎚子已經成為你的一部分，是你雙手的延伸。你不是在用原子筆寫信，原子筆成為傳遞你想法的容器，這時候大腦中的突觸開始活動，將想法轉化為移動筆尖滾珠的精細小動作。

在最好的情況下，生產力會透過奇特的方式，讓人進入類似**冥想**的狀態，也就是透過一連串做法，讓人完全沉浸於當下想要從事的活動。如果能夠在當下全心投入希望達成的成就，也就是將所有時間、注意力和精力全投注到這些活動上，那麼我們永遠都不需要擔心生產力問題。

平靜能提升生產力，所以即使你不是一個容易焦慮的人，都應該要努力追求平靜。得到平靜，就能專注當下，所以應該花時間追求平靜，尤其是專注當下是提高生產力的重要關鍵。

不過一天結束之後，生產力只是我們得到的其中一種好處。平靜本身其實是很好的目標。當我們愈平靜，我們面對自己的生活和周遭世界時，就會感到愈安心。我們可以輕易呼出一口氣、雙肩下垂，但依舊能專注當下的生活。我們更能全心投入每個時刻，用心品味眼前的一切或是讓手邊的工作有實質進展。

當你降低自己的刺激程度、而且能輕鬆保持專注，就能完成更多清單上的待辦事項，你會感覺棒透了。感覺自己成功擺脫毫無意義的多巴胺分泌，難道不覺得開心嗎？這才是真正的獎勵，尤其是從長遠來看。從此之後，你更能享受生活，而不是一直任由那些刺激多巴胺分泌的事物分散你的注意力。

透過同樣的方法，如果你曾經過勞、或是接近過勞，你就會知道在當下你會覺得自己受到不公正、不公平的對待，覺得心煩意亂，即使其他人認為你看起來很自在、享受。培養專注當下的能力，你就不會筋疲力竭、憤世嫉俗，也不會覺得自己沒有創造任何改變……這或許是最好的獎勵。

平靜不僅能幫助你創造更有意義的改變，而且讓你有能力察覺自己達成哪些成就。

第 9 章

平靜心

　　我在講臺上恐慌發作將近兩年後，終於迎來曙光。

　　這段期間我嘗試一些方式尋求平靜，包括收錄在這本書中的做法，以及無法達到同等效果的技巧。像是接受治療與服用大麻二酚油（CBD oil），當我提到要嘗試這兩種做法找尋生活中的平靜時，大家都有些質疑。

　　接受治療很有趣，而且是幫助我理解內心為何被制約很好的方法。但是相較於其他更務實的策略，例如刺激斷食或是消除壓力庫存中可預防的壓力來源，治療無法讓我真正得到平靜。（當然，治療帶給你的效益可能會不一樣。如果你和我一樣好奇，而且預算許可，我會非常推薦你去尋求治療師協助，你一定能學到不少與你內心有關令人興奮、有趣的事。如果你的焦慮非常嚴重，不論採取什麼技巧，依舊無法消除焦慮，那麼你可能需要接受治療。）

　　不巧大麻二酚油對我沒什麼作用。大麻二酚油的萃取來源有兩種：漢麻（hemp）與大麻（cannabis），後者早已被汙名化。不過這個實驗很幸運，因為就在我啟動追求平靜之旅時，加拿大政府允許娛樂用大麻合法化。

　　簡單來說，大麻含有兩種重要成分：四氫大麻酚（THC）和大麻二酚。四氫大麻酚是一種精神活性（psychoactive）物質，會讓人陷入狂喜狀態，感到亢奮、飢餓、妄想、放鬆、困倦，對時間的認知會被扭曲，你服用的大麻品種以及你大腦的神經連結特性會影響四氫大麻酚的作用。至於大麻二酚則是大麻裡的非精神活性物質，有研究顯示，大麻二酚具有止痛、抗焦慮和消炎等功效。

雖然目前並沒有太多經過同儕評閱的科學證據證明大麻二酚可以有效減緩上述症狀，但是大麻合法化之後，我實在太過好奇，抵擋不住媒體的大肆宣傳，所以想要試試看。我盡一切可能不讓自己看起來像是個老古板，想像自己戴上假鬍鬚，走去市中心的大麻店，看看店員會推薦哪些大麻藥物幫助我減緩焦慮。30分鐘後我回到家，手上拿著3個小滴瓶的大麻二酚油。我打開其中一小罐，然後點了半滴油到舌下，等等看會發生什麼事。我仔細觀察自己有什麼變化，卻感覺什麼事也沒發生，這真的是出乎意料之外。隔天，我將劑量加倍，還是沒什麼改變。再隔天，我多滴了幾滴，還是覺得沒有太多變化。這一次，我用了超高劑量，雖然有感覺比較平靜、有些昏昏沉沉，但是焦慮並沒有減緩。後來我又嘗試其他品牌，但是我發覺這個藥物對我沒有太大作用。（如果以等量的咖啡因來計算，這個藥物的作用就相當於一到兩杯的綠茶，不過現在你已經知道，我已經降低我的咖啡因耐受度。）

在我追求平靜的旅程中，我嘗試過許多方法，其中大麻二酚油最讓我失望，我真的沒有料到結果會是這樣。不巧的是，研究結果同樣支持我的親身經驗。有一項統合分析指出，「目前缺乏證據可以證明大麻二酚油有助於改善憂鬱症和憂鬱症狀、焦慮症、注意力不足過動症、妥瑞症、創傷後壓力症候群或是精神疾病，」¹某些研究宣稱上述病症都是化合物所引起。有證據顯示，活性化合物四氫大麻酚「只能稍微改善焦慮症狀以及其他醫療病症。」²由於還需要進行更多研究（目前已有研究在進行），或許你不該花辛苦賺來的錢購買大麻二酚油。不過，同樣的，這個藥物對你產生的效益可能和我不一樣。有些人對它的效用深信不疑，即使多數人感覺像是溫和的安慰劑，或許還是有點價值。

這真是讓人失望，尤其當我們都在尋找能迅速消除焦慮的方法，希望只要採取某個策略、吞藥丸或是幾滴藥物，就讓焦慮徹底消失。當務之急，我們最需要做的事就是減緩焦慮，不讓內心受到焦慮糾纏。我們必須努力探索，找出是什麼原因導致我們開始感到不安；這些因素會促使我們的內心移往光譜的焦慮端。通常，我們的習慣和生活都必須做出結構性轉變。

幸運的是，這些改變雖然更困難，但是很值得。解決焦慮的根本原因之後，生活就會更貼近真實的自我以及我們的價值觀，我們可以更自在做自己。這些改善所產生的效應可能很單純，例如可以輕易遠離Instagram，或者更好的情況是，一開始就不會花那麼多時間查看社群媒體最新動態、累積更多慢性壓力。這些效應也可能影響深遠，舉例來說，當轉換到另一個慢性壓力程度可控制在合理範圍內的工作之後，就不再感到筋疲力竭、憤世嫉俗、沒有生產力。

不論到目前為止你做出哪些改變，我都希望你能發現平靜是值得的投資，而且一直都是如此。即使某些平靜策略需要花時間，如烹煮一頓美味、健康的晚餐，找到你能真心享受的運動形式，或是和好朋友相處。

盡可能多方嘗試

透過這整本書，我提出非常多策略，幫助你在焦慮的世界裡保持穩定平靜。不論是想要克服焦慮感受、從生活事件中找到更重大的意義，或是希望更自在沉浸於每個當下，這些想法應該會有幫助。運用這些想法，你可以找到更多自由時間、得到更多滿足、更能專注當下；也能運用書中的想法激發更多生產力和創造力；平靜是生活和工作不可或缺的穩固基礎，當你專注當下，才能提高生產力。

在做出結論之前，最後我想鼓勵你做一件事：**盡可能嘗試本書提供的各種策略**。不是所有策略都對你有用。嘗試各種（有證據的）技巧，然後觀察自己會不自覺持續執行或是最喜歡使用哪些技巧。如果要說我在平靜旅程中發現某個重要的事，那就是平靜其實與**個人化**有關。每個人的天賦秉性不同，過著不同的生活，擁有不同習慣、工作、限制和價值觀。正因為如此，我會鼓勵你只要選擇對你有用的建議，其餘都可以捨棄。（這個策略不僅適用本書，閱讀其他非虛構書籍時也同樣適用。）

　　你可以嘗試很多種做法。多運動身體，如果可以的話，在大自然中活動筋骨。練習冥想，這樣就更有精力投入眼前的活動。擬定個人化的品味清單，每天享受清單裡的其中一個項目。盤點壓力清單，找出可以輕易消除的壓力來源。設定生產力時間，好讓你每天都可以在追求更多與品味之間取得平衡。實行一個月的刺激斷食計畫，這樣就能輕鬆保持專注、讓內心安定。選擇一些你希望在生活中持續累積的「貨幣」，例如快樂、專注當下、與人們相處的時間，而不是社會認同的金錢和地位。投入能幫助你得到平靜的類比習慣，這些習慣能刺激身體釋放血清素、催產素、腦內啡，以及更有益健康而且適量的多巴胺。追求平靜時，一定要留意內心是否產生罪惡感，如果有，就要提出質疑。如果你想要更深入瞭解自己的內心，可以去找治療師。

　　從上述清單中挑選出一、兩種方法，實行時也要擬定接下來的計畫，列出一開始嘗試幾種方法後，要繼續實驗哪些方法。每星期保留幾小時的時間，只從事類比活動，或者嘗試新的類比嗜好，如參加即興表演課程、烹飪、學習樂器、或是編織。你可以嘗試訂閱實體報紙，暫時遠離數位新聞。重新開始玩遊戲，或是每次完成重要工作專案之後，犒賞自己一小時的按摩。擬定減少飲酒計畫，或是嘗試重新設定咖啡因耐受度。或許你可以用別緻的鋼筆，寫一、兩封信給你心愛的人。

　　我想你終究會發現追求平靜是值得的。盡可能嘗試各種不同技巧，不論這樣的嘗試很大或很小、不論簡單或是牽涉結構性改變，這樣才能找到符合真實的自我以及生活模式的技巧。唯有如此，你才能長時間保持。

找到足夠的平靜

有時候人們會說，讓我們感到快樂的所有事物就在眼前，但如果貪多心態阻擋在前，就不會這麼認為。抱持貪多心態的情況正好相反，不論擁有什麼、達成什麼成就、不論現在是什麼樣的人，我們與快樂之間總是相隔一小段距離。所以我們會認為，只要再多賺一點錢、變得更有生產力、身材變得更苗條，就能感到更安心，然後（也只能是然後）相信，未來我們就會有時間和注意力，享受成就的果實。

實際上，這樣只是將球門移到無法觸及的位置，而且持續不斷移動它。

事實真相很簡單。不論你擁有多少，自在、快樂與平靜的感受來自於用心品味存在於生活中的事物，而不是想辦法擁有你所缺乏的東西。如果你希望建立這種心態，就需要不斷練習、保有耐性，並持續培養平靜的習慣，才有可能做到。但我發現這一切都是值得的。

在開始追求平靜之前，我總覺得自己擁有得不夠多，即使是客觀來看進展順利的生活領域，我還是覺得做得不夠好。看著其他作者的書籍銷售成績，我會覺得自己一路落後，從不認為自己做得夠好、應該要很開心。（我其實很幸運，一開始就從事這個工作。這是每個人都清楚知道的事實，卻除了我以外）透過工作賺取獎金，然後將獎金存起來，提醒自己還要走多遠，才能達到某種程度的財務自由。當然，事實是我很幸運，還能賺取額外收入，把錢存下來。

在預設情況下，我們在錯誤的地方尋求滿足感：總是追求我們所沒有的東西，而不是已經擁有的東西。幸運的是，一顆平靜的心會將這些不舒服的感受轉化為感激。當我們能全心投入眼前的人事物，就會感覺自己擁有的已經足夠。

開始追求平靜之後，我只是稍微調整我的優先事項，但是**內心**的感受卻和以前很不一樣。我更能深刻地享受生活，因為我變得更加全心投入其中。此外，也因此擁有足夠精力、耐力和動力去面對眼前的一切。

之前我們曾說過，「**更多**」的想法只是假象。我們一直在生活中累積各種貨幣，渴望擁有更多，但是我們渴求的事物之間常常是相互牴觸。現代社會告訴我們，只要擁有更多，就能得到快樂。但是最不應該參考的就是現代世界提供各種得到快樂的建議。現代世界不會帶來快樂。相反的，我們需要向內尋求。

當我愈努力追求平靜，就愈能專注當下，更能感受到快樂。我開始學習享受品味清單中的項目、花更多時間在類比世界、當分心悄悄找上我時再一次實行刺激斷食計畫，在多數時刻我都能感到自在、舒適。如果我說時時刻刻都能感覺非常平靜，必定是在說謊；有時候我還是會焦慮，或是不得不面對讓我感受到威脅與焦慮的事件。

但是長期下來，上述的焦慮魔咒逐漸變成例外，而不是常態，即使偶爾仍會感覺焦慮，但是就如同公園裡的一陣風，稍縱即逝。事實證明，平靜產生的效益確實是影響深遠。

希望你看見我的實驗成果，追求平靜就會更感激生活中擁有的一切，並趁此機會反思，哪些貨幣值得努力追求更多。不論是追求更多時間、注意力、精力、人際關係、深度、自由、認可，甚至是金錢，都要記住，用心品味自己擁有的一切，才能真正得到富足感。

更深的身心連結

當你開始追求平靜之後，你可能會得到另一個令人興奮的好處：更能覺察到身體和心理發生什麼事。每一刻，身體和心理都在想辦法告訴我們一些事，例如我們的精力衰弱（需要充電），或感到疲倦，或已經筋疲力竭。其他時候，身體和心理會提醒我們已經吃飽了，擁有足夠咖啡因，或是需要正視自己的感受，而不是再多看一集節目。或者，提醒我們要懂得感激，放慢腳步好好享受眼前的一切，或是用心體驗與某個人相處的每個時刻，因為只剩下這麼多時間可以與對方相處。如果愈能用心覺察，我們的行動就會更有意圖。所謂的平靜，意思是不論在什麼時刻，我們內心發生的事情變少，因此有更多空間反思和留意眼前的事物。

除了提升覺察能力之外，達到更深層平靜的另一個好處是，你的行動會更有目的性。

所謂「目的性」，指的是在行動之前就先決定要做什麼。你只需要給自己一些空間，就能觀察到心中產生某種意圖。做個簡單的實驗，下一次當你想要聽音樂時，不要直接選擇必聽的播放清單，先等待幾秒鐘，等到心中浮現那一首真正想要聽的歌曲。這就是意圖形成時的感覺。

當內心變得平靜，就會注意到心中的意圖，也會感覺更有成就，更有能力抵抗過勞。在行動之前先決定好要做哪些事情，就會讓行動更有效率。如果時間運用更有目的性，而且在事前決定要做哪些事情，我們就會感覺行動具有特定意圖，即使無法完全掌控自己的工作和生活也沒關係。我們付出的努力沒有改變，但是心態和故事會改變：感覺是我們自己**選擇**承擔困難、有壓力的工作，它們不再是**發生在我們身上**的事情。不論我們擁有多少的掌控程度，當內心得到平靜，就有空間產生意圖，我們會注意到心中的意圖，然後根據這些意圖採取行動。

當我們透過平靜變得更能覺察、更有意圖，也能同時讓我們生活中的平靜所在之處更加穩固。我們會擁有額外的注意力空間，觀察到Instagram讓人憂鬱，因此認為有必要刪除這個

App，連續幾個月不使用，看看是否有改變。當我們與人爭論時，我們能夠找到更平靜的立足點，說出心中浮現的**第二個**想法，而不是衝動發言。當我們的飲食即將超過飽足點（而且吃再多會後悔）時，我們的內心會持續保持鎮定，小心留意已經吃飽了，不讓自己掉進情緒性飲食的緊急出口。

當我們每時每刻都後退一步而非大致上退後一步，我們就能以更宏觀的角度看待事情。

焦慮會讓我們無法覺察、無法產生意圖。幸運的是，只要努力找回平靜，就有能力省思，變得更深思熟慮。當我們內心的塵埃落定，就能看得更清楚。

平靜之後

正當我個人的故事開始露出曙光時，整個世界卻變得更加黯淡。2020 年 3 月，也就是我第一次多巴胺斷食之後重新與世界連結的時候，全球新冠肺炎的確診數開始飆升。

對我來說，新冠疫情爆發之初發生的一連串事件，如今只剩下模糊的記憶，隨著時間累積，時間軸上所有的小點全部聚積成一個大圓點。多巴胺斷食實驗正好讓我不再去擔憂，重新調整自己的狀態。我不再反覆刷新新聞網站，只在每天工作前閱讀早報，就能知道世界大小事。

直到後來，我無法再繼續下去。

我的實驗接近尾聲時，新冠疫情已經被世界衛生組織認定為全球公共衛生緊急事件，從美國到中國旅行受到限制[3]（當時覺得太誇張）。當我與這個世界重新連結時，封城、隔離、保持社交距離成為新的疫情詞彙的一部分，所有人都在想辦法釐清，要如何回應這個充滿不確定的新世界。實驗結束後，我重新回到網路世界，我發現我很難不去看那些新聞。有段時間，我甚至沒有避開那些新聞。從2020年3月到4月，感覺就像是我從來沒有實行刺激斷食一樣。我不停盯著一個又一個螢幕，查看哪些活動被取消，確診數有哪些變化，出現哪些新的限制措施。

直到疫情爆發時，我已經在生活中建立許多與平靜有關的習慣，讓內心取得平衡，有更多心理空間追求平靜。但是全球疫情爆發後，我暫停遵循某些建議，但由於之前的努力，我能夠快速恢復前幾個月培養的習慣；當我發現我再度陷入焦慮之後，我又重新恢復這些行為習慣。當時全球的情況可說是「前所未見」，所以我認為這我成功了。

如果不是一開始平靜為我創造足夠的心理空間，我不確定能否注意到自己的焦慮正逐漸加深。我在實驗期間做出的結構性改變，形成一道防護牆，保護我的內心不會因為世界瞬間陷入焦慮而受到影響。

除了工作和生活發生結構性轉變之外，我也很慶幸我還可以依靠之前培養的許多平靜習慣。當世界變得愈焦慮，我就愈投入這些習慣。我不會一整天一直查看數位新聞，我訂閱了第二份實體報紙，這樣就可以同時知道更平衡的地方和國際新聞報導。我不會焦慮地瀏覽社群媒體，我選擇運動和冥想、減少咖啡因攝取量、沉浸於紙本書、每天挑選出一些事物用心品味、透過視訊電話和朋友與家人聯繫，直到大家都覺得疲累為止。我卯足全力找到更多類比嗜好，例如學習攝影、運動，或是和太太一起健行。

　　除此之外，我也要確認自己有時間踩煞車，好好享受緩慢的時刻。如果說焦慮讓人行動倉促、草率行事，平靜就會讓人變得有耐性、寬容。雖然我不是每次都能成功，但是我會努力讓自己一整天保持平靜的狀態。

●　　●　　●

　　2020 年 3 月的兩年後，平靜更常存在於我的生活中。如果說我有任何發現的話，那就是追求平靜是一種技能，時間一久便熟能生巧。

　　我撰寫這些文字時，冬雪正開始融化，融雪將枯黃秋葉上的泥沙和鹽分沖刷乾淨。但是，在眼前所及的自然景象之下，情況就沒這麼平和了。許多工作的最後期限逐漸逼近（例如，兩星期內要交出這本書的初稿），新聞報導依舊令人怵目驚心，而且表面上看來，我的工作絕大多數和我開始追求平靜時一樣。工作和生活依照固定的步調往前推進，雪下了之後又融了，忙碌期來了、然後又結束了，每次開始新一季的生活，就會面臨不同程度的壓力、新奇與機會。

雖然我的日常生活依舊維持正常步調，但是在表象之下有了顯著變化。

如果今天的我和啟動這段旅程之前的我站在同一座山兩側，我描述的地景會非常不一樣，因為我是從不同角度看著同一片景色。在我的內心得到平靜之前與之後，也會存在類似的差異。我們的生活總是很忙碌，常會把自己逼到心理極限。投入有助於平靜的策略，或許可以改變這個狀態，但我們對當下處境的**理解**卻會改變更多；生活本身其實沒有什麼變化，只是我們從更平靜的觀點，重新看待自己的生活。

在探索和投入本書分享的策略之後，我還是非常忙碌，但是多數時候我不再感到焦慮。當周遭的環境發生改變，我不再像以前那樣做出情緒性反應。即使某一天我真的陷入焦慮，程度上也比以前輕微，而且稍縱即逝，我的焦慮多半只是對於某個急性壓力事件做出回應。我已經培養出一些習慣，能夠真正幫助我遠離焦慮、接近平靜。而且每天我都覺得自己擁有足夠的心理韌性，能夠做好預計要做的事。

在特別有壓力的時期，平靜讓我能後退一步，讓我與當下處境之間保持一致距離，或是在其他焦慮時刻找到穩固的立足點。這並不容易做到。更慘的是，不是每次都**有可能**找到這個空間。不過幸運的是，追求平靜是一種技能，會變得愈來愈熟練。每個人都可以學習從不同角度欣賞同一座山的風景。

我曾在本書的開頭分享在講臺上恐慌發作的故事。我內在的作家角色希望故事的情節逐漸進入高潮，讓整本書的內容更平衡，也就是出現某個讓人興奮的高峰，與最初促使我開啟平靜之旅的戲劇化事件相呼應。但是經歷促成本書出版的平靜旅程後，我必須老實說：我真的不想這樣寫。

平靜的狀態不是逐漸增強，而是逐漸放鬆，回復到我們的真實本性，也就是隱藏在日常生活之下的心理狀態。

平靜並不那麼讓人覺得興奮，**這才是真正重點所在**。培養平靜，就是在培養我們的心理能力來面對與享受眼前的樂趣。我們的內心保持平靜，而非預設的過度刺激狀態，而且最重要的是**做好準備**；如果預設的心理狀態是平靜，不論發生什麼事，我們都有能力應對。

保持平靜的習慣讓我有耐性處理壓力情境。慢性壓力減少，就更能投入，更務實地找到解決問題的方法，心理上也更能專注一天當中最美好的時刻。當我們愈專注，就愈有生產力，愈能在一開始就為我們的人生、為平靜習慣保留更多時間。

我已經盡最大努力在本書中分享各種想法、技巧和策略，提供你在追求平靜的過程中使用，相信能幫助你找到更多空間、更能專注當下、更有生產力。但是在離開之前，請你再進行一項思考實驗：假設通往平靜的道路是一條**真實存在**的道路，會是什麼樣貌？

　　首先，這條小徑必定會穿越大自然、而非城市街道。你可能會以輕快的步伐前進，讓自己的心跳加快，或許你會先享用一頓美味、營養的餐點，為接下來的步行儲存足夠的體力。你可能會沐浴在陽光中，而且這條路徑也許會曲折穿越類比世界，所以你不會跑去玩某些電玩遊戲。可能會有某個人陪伴著你漫步。

　　走在這條路上，你會感覺很悠閒，很享受當下。希望你會發現自己完全沉浸於其中，用心體會每一個步伐。

　　這段路程需要花點時間。但是你會發現自己充滿活力、耐性、專注力，所以這幾個小時、幾分鐘的時間不會白費。你很有可能可以拿回這些時間，甚至拿回更多。

　　平靜是讓生活充滿歡樂的一座泉源，從中湧出生產力、當下存在感、洞見、意圖、覺察、自在感、正向幽默、接納、創造力和感激之情。

　　平靜也是隱藏在日常忙碌生活表象之下的內在自然狀態。平靜讓我們能夠留意到每一件我們所做的事、每一件我們思考的事，以及我們相信自己擁有的一切。當我們剔除一層層不必要的活動，像是內心反覆自我對話的忙碌、工作量過多的忙碌、工時太長的忙碌，沉迷於超正常刺激、累積比我們所需更多的東西，或努力追求超出必要的更高生產力；沒有這些不必要的忙碌，才是我們該有的生活。

　　有目標的忙碌，才是我們值得追求的生活；沒有目標，就缺少意義。當我們內心平靜，生活也會變得更有樂趣，所以我希望你也認為，追求平靜是值得的。

　　如果你希望在充滿混沌的環境中感到自在、活在當下、有生產力；當整個世界陷入瘋狂，當太多憂慮、擔心和關注占據我們有限的時間的時候……，這就是我們能給自己的一份禮物。

　　就本質而言，平靜是美好生活的基礎，這也是它最重要的效益。

　　希望這本書能幫助你找到平靜。

致謝

　　每天我都心懷感激，能和這麼多了不起、慷慨大方、聰明的人一起工作。

　　首先要謝謝我太太艾汀（Ardyn）（她同時擁有上述三個優點）。艾汀是我這世上最愛的人，總能丟給我許多想法，如果沒有她的投入、支持和回饋，這本書不會有現在的成果。艾汀，我希望你永遠是我的第一個讀者。我愛你。

　　在出版方面，我要特別感謝企鵝集團（美國）、加拿大藍燈書屋以及英國潘麥克米蘭的編輯們。瑞克（Rick）、克雷格（Craig）和麥克（Mike），真的很榮幸能和你們一起合作。很謝謝你們的支持和指導，讓我有機會和其他人分享這些想法。

　　我也要謝謝其他一起合作的企鵝集團、加拿大藍燈書屋以及英國潘麥克米蘭夥伴。我要特別感謝企鵝集團的班‧皮特隆（Ben Petrone）、卡蜜拉‧勒布朗（Camille LeBlanc）、薩比拉‧罕（Sabila Khan）、林恩‧巴克利（Lynn Buckley）、莉迪亞‧希爾特（Lydia Hirt）以及布萊恩‧塔特（Brian Tart）。我要謝謝加拿大藍燈書屋的蘇‧庫魯維拉（Sue Kuruvilla）和卡利斯塔‧安達達里（Chalista Andadari）。我要謝謝潘麥克米蘭的露西‧

海爾（Lucy Hale）、娜塔夏・圖雷特（Natasha Tulett）、喬希・透納（Josie Turner）和史都華・威爾森（Stuart Wilson）。

還要感謝我的超級明星經紀人露辛達・哈爾彭（Lucinda Halpern）。露辛達，真不敢相信我們已經合作了3本書。我等不及想要知道未來還有哪些合作機會。能夠和你一起出版這些書，是老天送給我的禮物，不論是有意或無意。

此外，過程中如果沒有其他人的支持和建議，也無法完成這本書。謝謝亞曼達・佩利奇歐里・勒胡（Amanda Perriccioli Leroux）給予寶貴的支持，尤其是在我出差時或是學術休假或是想要休息的時候。謝謝維多莉亞・卡拉森（Victoria Klassen）和希拉蕊・朵芙（Hilary Duff）好心協助編輯初稿，並提供回饋意見。謝謝安娜・拿提芙（Anna Nativ）非常有創造力的設計，謝謝瑞安・威爾馮（Ryan Wilfong）協助我架設新網站。謝謝安妮・波格爾（Anne Bogel）、凱瑟琳・陳（Katherine Chen）、卡蜜爾・諾・派岡（Camille Noe Pagán）和蘿拉・范德康（Laura Vanderkam）提供寶貴的建議和指導。謝謝大衛（David）、恩尼（Ernie）、S. 麥克（Mike S.）、V. 麥克（Mike V.）與尼克（Nick）和我聊天、給予友誼支持、提供精神食糧。

另外，我還要謝謝在這本書的注釋中提到的無數位研究人員。我站在你們的肩膀上，我希望我有給予你們的研究工作應有的認可，希望因為這本書的出版能幫助到更多人。

這真的需要非常多人的幫助才能完成。

　　謝謝我的家人,特別是我的父母柯琳(Colleen)和格倫(Glen);謝謝我的姐妹愛蜜莉(Emily);謝謝傑米(Jamie)、安娜貝爾(Anabel)和以利亞(Elijah);謝謝史蒂夫(Steve)、海倫(Helen)、摩根(Morgan)、黛比(Deb)、阿方索(Alfonso)和莎拉(Sarah)。

　　最後,我要謝謝讀者們。我是說真的。每天我都感覺自己是這世上最幸運的人,因為我能夠寫下我認為非常有趣的想法。因為有像你們一樣的讀者購買我的作品,我真的萬分感激,我會繼續寫下去。希望你們認為本書中的想法值得你們投注的時間和注意力,希望你們能因為書中的見解內心變得更平靜。

注釋

第 2 章

1. Dillard, Annie. *The Writing Life*. New York: HarperPerennial, 1990.

2. Noell, Edd. *Economic Growth: Unleashing the Potential of Human Flourishing*. Washington, DC: AEI Press, 2013.

3. Rosling, Hans, Ola Rosling, and Anna Rosling Rönnlund. *Factfulness: Ten Reasons We're Wrong about the World— and Why Things Are Better Than You Think*. London: Hodder & Stoughton, 2019.

4. Rosling, Rosling, and Rönnlund. *Factfulness*.

5. *Cambridge Dictionary*, s.v. "Calm." Accessed March 1, 2022. https://dictionary.cambridge.org/us/dictionary/english/calm; and *Merriam-Webster*, s.v. "Calm." Accessed March 1, 2022. https://www.merriam-webster.com/dictionary/calm.

6. de Lemos, Jane, Martin Tweeddale, and Dean Chittock. "Measuring Quality of Sedation in Adult Mechanically Ventilated Critically Ill Patients." *Journal of Clinical Epidemiology* 53, no. 9 (September 2000): 908–19. https://pubmed.ncbi.nlm.nih.gov/11004417/.

7. Posner, Jonathan, James A. Russell, and Bradley S. Peterson. "The Circumplex Model of Affect: An Integrative Approach to Affective Neuroscience, Cognitive Development, and Psychopathology." *Development and Psychopathology* 17, no. 3 (September 2005): 715–34. https://www.doi.org/10.1017/S0954579405050340.

8. Siddaway, Andy P., Peter J. Taylor, and Alex M. Wood. "Reconceptualizing

Anxiety as a Continuum That Ranges from High Calmness to High Anxiety: The Joint Importance of Reducing Distress and Increasing Well-Being." *Journal of Personality and Social Psychology* 114, no. 2 (February 2018): e1–11. https://www.doi.org/10.1037/pspp0000128.

9. Nock, Matthew K., Michelle M. Wedig, Elizabeth B. Holmberg, and Jill M. Hooley. "The Emotion Reactivity Scale: Development, Evaluation, and Relation to Self-Injurious Thoughts and Behaviors." *Behavior Therapy* 39, no. 2 (June 2008): 107–16. https://www.doi.org/10.1016/j.beth.2007.05.005.

10. Dunn, Rob. "What Are You So Scared of? Saber-Toothed Cats, Snakes, and Carnivorous Kangaroos." *Slate.* October 15, 2012. https://slate.com/technology/2012/10/evolution-of-anxiety-humans-were-prey-for-predators-such-as-hyenas-snakes-sharks-kangaroos.html

11. McGonigal, Kelly. *The Upside of Stress: Why Stress Is Good for You, and How to Get Good at It.* New York: Avery, 2015.

12. Paul, Kari. "Facebook Whistleblower Hearing: Frances Haugen Testifies in Washington— as It HAppened." *The Guardian.* October 5, 2021. https://www.theguardian.com/technology/live/2021/oct/05/facebook-hearing-whistleblower-frances-haugen-testifies-us-senate-latest-news.

13. Holman, E. Alison, Dana Rose Garfin, and Roxane Cohen Silver. "Media's Role in Broadcasting Acute Stress following the Boston Marathon Bombings." *Proceedings of the National Academy of Sciences of the United States of America* 111, no. 1 (January 7, 2014): 93–98. https://www.doi.org/10.1073/pnas.1316265110.

14. Thompson, Rebecca R., et al. "Media Exposure to Mass Violence Events Can Fuel a Cycle of Distress." *Science Advances* 5, no. 4 (April 17, 2019). https://www.doi.org/10.1126/sciadv.aav3502.

第 3 章

1. "Burn-Out an 'Occupational Phenomenon': International Classification

of Diseases." World Health Organization. May 28, 2019. https://www.
who.int/news/item/28-05-2019-burn-out-an-occupational-phenomenon-
international-classification-of-diseases

2.   Segerstrom, Suzanne C., and Gregory E. Miller. "Psychological Stress and
the Human Immune System: A Meta-analytic Study of 30 Years of Inquiry."
Psychological Bulletin 130, no. 4 (July 2004): 601–30. https://www.doi.
org/10.1037/0033-2909.130.4.601.

3.   Michel, Alexandra. "Burnout and the Brain." *Observer* 29, no. 2 (February
2016). https://www.psychologicalscience.org/observer/burnout-and-the-
brain.

4.   Oosterholt, Bart G., et al. "Burnout and Cortisol: Evidence for a Lower
Cortisol Awakening Response in both Clinical and Non-clinical Burnout."
Journal of Psychosomatic Research 78, no. 5 (May 2015): 445–51. https://www.
doi.org/10.1016/j.jpsychores.2014.11.003.

5.   Bush, Bradley, and Tori Hudson. "The Role of Cortisol in Sleep." *Natural
Medicine Journal* 2, no. 6 (2010). https://www.naturalmedicinejournal.com/
journal/role-cortisol-sleep.

6.   Leiter, Michael P., and Christina Maslach. "Latent Burnout Profiles: A
New Approach to Understanding the Burnout Experience." *Burnout
Research* 3, no. 4 (December 2016): 89–100. https://www.doi.org/10.1016/
j.burn.2016.09.001.

7.   Maske, Ulrike E., et al. "Prevalence and Comorbidity of Self-Reported
Diagnosis of Burnout Syndrome in the General Popula-tion." *Psychiatrische
Praxis* 43, no. 1 (2016): 18–24. https://pubmed.ncbi.nlm.nih.gov/25158142/
; and Koutsimani, Panagiota, Anthony Montgomery, and Katerina Geor-
ganta. "The Relationship between Burnout, Depression, and Anxiety: A
Systematic Review and Meta-Analysis." *Frontiers in Psychology* 10 (March 13,
2019): 284. https://www.doi.org/10.3389/fpsyg.2019.00284.

8.   Maske et al. "Prevalence and Comorbidity of Self-Reported Diagnosis of

Burnout Syndrome in the General Population."

9. Bakusic, Jelena, et al. "Stress, Burnout and Depression: A Systematic Review on DNA Methylation Mechanisms." *Journal of Psychosomatic Research* 92 (January 2017): 34–44. https://www.doi.org/10.1016/j.jpsychores.2016.11.005.

10. Leiter and Maslach. "Latent Burnout Profiles."

11. Maslach, Christina, interview by Chris Bailey, December 14, 2020.

12. Maslach, Christina. "Finding Solutions to the Problem of Burnout." Consulting Psychology Journal 69, no. 2 (June 2017): 143–52. https://psycnet.apa.org/doiLanding?doi=10.1037%2Fcpb0000090

13. Maslach, interview.

14. Eschner, Kat. "The Story of the Real Canary in the Coal Mine." *Smithsonian Magazine*, December 30, 2016. https://www.smithsonianmag.com/smart-news/story-real-canary-coal-mine-180961570/

15. Maslach, interview.

16. "Depression: What Is Burnout?" *Institute for Quality and Efficiency in Health Care.* June 18, 2020. https://www.ncbi.nlm.nih.gov/books/NBK279286.

17. Zimbardo, Philip. *The Lucifer Effect: Understanding How Good People Turn Evil.* New York: Random House, 2008.

18. Zimbardo, Philip G., Christina Maslach, and Craig Haney. "Reflections on the Stanford Prison Experiment: Genesis, Transformations, Consequences." In *Obedience to Authority: Current Perspectives on the Milgram Paradigm*, ed. Thomas Blass, 207–52. New York: Psychology Press, 1999.

19. Salvagioni, Denise Albieri Jodas, et al. "Physical, Psychological and Occupational Consequences of Job Burnout: A Systematic Review of Prospective Studies." *PLOS One* 12, no. 10 (October 4, 2017): e0185781. https://www.doi.org/10.1371/journal.pone.0185781.

20. Leiter, Michael P., and Christina Maslach. "Six Areas of Worklife: A Model of the Organizational Context of Burnout." *Journal of Health and Human*

Services Administration 21, no. 4 (Spring 1999): 472–89. https://www.jstor. org/stable/25780925.

21. Leiter and Maslach. "Six Areas of Worklife."

22. Csikszentmihalyi, Mihaly. *Flow: The Psychology of Optimal Experience.* New York: Harper Perennial, 1991.

23. Leiter and Maslach. "Six Areas of Worklife."

24. Maslach, Christina, and Cristina G. Banks. "Psychological Connections with Work." In *The Routledge Companion to Wellbeing at Work*, ed. Cary L. Cooper and Michael P. Leiter, 37–54. New York: Routledge, 2017.

25. Maslach. "Finding Solutions to the Problem of Burnout."

26. Leiter and Maslach. "Six Areas of Worklife."

27. Achor, Shawn. *Big Potential: How Transforming the Pursuit of Success Raises Our Achievement, HAppiness, and Well-Being.* New York: Currency, 2018.

28. Leiter and Maslach. "Six Areas of Worklife."

29. Maslach. "Finding Solutions to the Problem of Burnout"; and Maslach and Banks. "Psychological Connections with Work."

30. Leiter and Maslach. "Six Areas of Worklife."

31. Maslach and Banks. "Psychological Connections with Work."

32. Leiter and Maslach. "Six Areas of Worklife."

33. Maslach. "Finding Solutions to the Problem of Burnout."

34. Leiter and Maslach. "Six Areas of Worklife."

第 4 章

1. Kahneman, Daniel, and Angus Deaton. "High Income Improves Evaluation of Life but Not Emotional Well-Being." *Proceedings of the National Academy of Sciences of the United States of America* 107, no. 38 (September 21, 2010): 16489– 93. https://www.doi.org/10.1073/pnas.1011492107.

2. Robin, Vicki, and Joe Dominguez. *Your Money or Your Life: 9 Steps to Transforming Your Relationship with Money and Achieving Financial*

Independence: Revised and Updated for the 21st Century. 2nd ed. New York: Penguin, 2008.

3.   Bryant, Fred B., and Joseph Veroff. *Savoring: A New Model of Positive Experience*. Mahwah, NJ: Lawrence Erlbaum Associates, 2007.

4.   Quoidbach, Jordi, et al. "Money Giveth, Money Taketh Away: The Dual Effect of Wealth on HAppiness." *Psychological Science* 21, no. 6 (June 2010): 759– 63. https://www.doi.org/10.1177/0956797610371963.

5.   Festinger, Leon. "A Theory of Social Comparison Processes." *Human Relations; Studies towards the Integration of the Social Sciences* 7, no. 2 (May 1954): 117–40. https://www.doi.org/10.1177/001872675400700202.

6.   Godin, Seth. *The Practice: Shipping Creative Work*. New York: Portfolio, 2020.

7.   Tunstall, Elizabeth Dori. "How Maya Angelou Made Me Feel." *The Conversation*, May 29, 2014. http://theconversation.com/how-27328.

8.   Hamilton, Jon. "Human Brains Have Evolved Unique 'Feel- Good' Circuits." Stanford University, November 30, 2017. https://neuroscience.stanford.edu/news/human-good-circuits.

9.   Moccia, Lorenzo, et al. "The Experience of Pleasure: A Perspective between Neuroscience and Psychoanalysis." *Frontiers in Human Neuroscience* 12 (September 4, 2018): 359. https://www.doi.org/10.3389/fnhum.2018.00359.

10.   Moccia et al. "The Experience of Pleasure."

11.   Lieberman, Daniel Z., and Michael E. Long. *The Molecule of More: How a Single Chemical in Your Brain Drives Love, Sex, and Creativity—and Will Determine the Fate of the Human Race*. Dallas: BenBella Books, 2019.

12.   Judge, Timothy A., and John D. Kammeyer-Mueller. "On the Value of Aiming High: The Causes and Consequences of Ambition." *Journal of Applied Psychology* 97, no. 4 (July 2012): 758–75. https://www.doi.org/10.1037/a0028084.

13.   Krekels, Goedele, and Mario Pandelaere. "Dispositional Greed." *Personality and Individual Differences* 74 (February 2015): 225–30. https://www.doi.

org/10.1016/j.paid.2014.10.036.

14. Lieberman and Long. *The Molecule of More.*

15. Breuning, Loretta Graziano. *Habits of a HAppy Brain: Retrain Your Brain to Boost Your Serotonin, Dopamine, Oxytocin, & Endorphin Levels.* Avon, MA: Adams Media, 2016.

16. Lieberman and Long. *The Molecule of More.*

17. Maslach, Christina, and Michael P. Leiter. "Understanding the Burnout Experience: Recent Research and Its Implications for Psychiatry." *World Psychiatry* 15, no. 2 (June 2016): 103–11. https://www.doi.org/10.1002/wps.20311.

18. Bryant, Fred B., and Joseph Veroff. *Savoring: A New Model of Positive Experience.* London: Psychology Press, 2017.

19. Quoidbach et al. "Money Giveth, Money Taketh Away."

20. Joel, Billy. "Vienna." Accessed July 1, 2020. https://billyjoel.com/song/vienna-2/

21. Gable, Shelly L., and Jonathan Haidt. "What (and Why) Is Positive Psychology?" *Review of General Psychology* 9, no. 2 (June 2005): 103–10. https://www.doi.org/10.1037/1089-2680.9.2.103.

22. Bryant and Veroff. *Savoring.*

23. Hou, Wai Kai, et.al. "Psychological Detachment and Savoring in Adaptation to Cancer Caregiving." *Psycho-Oncology* 25, no. 7 (July 2016): 839–47. https://www.doi.org/10.1002/pon.4019.

24. Hurley, Daniel B., and Paul Kwon. "Results of a Study to Increase Savoring the Moment: Differential Impact on Positive and Negative Outcomes." *Journal of HAppiness Studies* 13, no. 4 (August 2012): 579–88. https://www.doi.org/10.1007/s10902-9280-8; and Smith, Jennifer L., and Fred B. Bryant. "The Benefits of Savoring Life: Savoring as a Moderator of the Relationship between Health and Life Satisfaction in Older Adults." *International Journal of Aging and Human Development* 84, no. 1 (December 2016): 3–23. https://

www.doi.org/10.1177/0091415016669146.

25. Fritz, Charlotte, and Morgan R. Taylor. "Taking in the Good: How to Facilitate Savoring in Work Organizations." *Business Horizons* 65, no. 2 (March–April 2022): 139–48. https://www.doi.org/10.1016/j.bushor.2021.02.035.

26. Bryant and Veroff. *Savoring.*

27. Fritz and Taylor. "Taking in the Good."

28. Bryant and Veroff. *Savoring.*

29. Bryant and Veroff. *Savoring.*

30. Chun, HaeEun Helen, Kristin Diehl, and Deborah J. MacInnis. "Savoring an Upcoming Experience Affects Ongoing and Remembered Consumption Enjoyment." *Journal of Marketing* 81, no. 3 (May 2017): 96–110. https://www.doi.org/10.1509/jm.15.0267.

第 5 章

1. "YouTube: Hours of Video Uploaded Every Minute 2019." Statista. May 2019. https://www.statista.com/statistics/259477/hours-of-video-minute.

2. "The Top 500 Sites on the Web." Alexa. Accessed July 29, 2021. https://www.alexa.com/topsites.

3. "YouTube for Press." YouTube. Accessed July 29, 2021. https://blog.youtube/press/

4. "Most Popular Social Networks Worldwide as of April 2021, Ranked by Number of Active Users." Statista. April 2021. https://www.statista.com/statistics/272014/global-ranked-by-number-of-users.

5. "How Long Will Google's Magic Last?" *The Economist*, December 2, 2010. https://www.economist.com/business/2010/12/ 02/how-long-googles-magic-last.

6. "Facebook's Annual Revenue from 2009 to 2020, by Segment." Statista. January 2021. Accessed March 4, 2022. https://www.statista.com/

statistics/267031/facebooks-revenue-by-segment/.

7. Perrin, Nicole. "Facebook-Google Duopoly Won't Crack This Year." eMarketer. Insider Intelligence. November 4, 2019. https://www. insiderintelligence.com/content/facebook-google-duopoly-won-t-crack-this-year

8. Bryan, Chloe. "Instagram Lets You See What It Thinks You Like, and the Results Are Bizarre." Mashable. June 5, 2019. https://mashable.com/article/instagram-ads-twitter-game.

9. Brooks, Mike. "The Seductive Pull of Screens That You Might Not Know About." *Psychology Today*. October 17, 2018. https://www.psychologytoday.com/us/blog/tech-hAppy-life/201810/the-seductive-pull-screens-you-might-not-know-about

10. Lieberman, Dan, interview by Chris Bailey, January 8, 2021.

11. Caligiore, Daniele, et al. "Dysfunctions of the Basal Ganglia- Cortical System Produce Motor Tics in Tourette Syndrome." *PLOS Computational Biology* 13, no. 3 (March 30, 2017). https://www.doi.org/10.1371/journal.pcbi.1005395; Davis, K. L., et al. "Dopamine in Schizophrenia: A Review and Reconceptualization." *American Journal of Psychiatry* 148, no. 11 (November 1991): 1474–86. https://www.doi.org/10.1176/ajp.148.11.1474; Gold, Mark S., et al. "Low Dopamine Function in Attention Deficit/ Hyperactivity Disorder: Should Genotyping Signify Early Diagnosis in Children?" *Postgraduate Medicine* 126, no. 1 (2014): 153–77. https://www.doi.org/10.3810/pgm.2014.01.2735; Ashok, A. H., et al. "The Dopamine Hypothesis of Bipolar Affective Disorder: The State of the Art and Implications for Treatment." *Molecular Psychiatry* 22, no. 5 (May 2017): 666–79. https://www.doi.org/10.1038/mp.2017.16; Walton, E., et al. "Exploration of Shared Genetic Architecture between Subcortical Brain Volumes and Anorexia Nervosa." *Molecular Neurobiology* 56, no. 7 (July 2019): 5146–56. https://link.springer.com/article/10.1007/s12035-018-1439-4 ; Xu, Tian,

et al. "Ultrasonic Stimulation of the Brain to Enhance the Release of Dopamine— A Potential Novel Treatment for Parkinson's Disease." "4th Meeting of the Asia- Oceania Sonochemical Society (AOSS 2019)." Ed. Jun-Jie Zhu and Xiaoge Wu. Special issue, *Ultrasonics Sonochemistry* 63 (May 2020): 104955. https://www.doi.org/10.1016/j.ultsonch.2019.104955; and Tost, Heike, Tajvar Alam, and Andreas Meyer-Lindenberg. "Dopamine and Psychosis: Theory, Pathomechanisms and Intermediate Phenotypes." *Neuroscience and Biobehavioral Reviews* 34, no. 5 (April 2010): 689–700. https://www.doi.org/10.1016/j.neubiorev.2009.06.005.

12. Wilson, Gary. *Your Brain on Porn: Internet Pornography and the Emerging Science of Addiction.* Margate, UK: Commonwealth, 2015.

13. Wilson. *Your Brain on Porn.*

14. Zillmann, Dolf, and Jennings Bryant. "Pornography's Impact on Sexual Satisfaction." *Journal of Applied Social Psychology* 18, no. 5 (April 1988): 438–53. https://www.doi.org/10.1111/j.1559-1816.1988.tb00027.x

15. Wilson. *Your Brain on Porn.*

16. Steinberg, Elizabeth E., et al. "A Causal Link between Prediction Errors, Dopamine Neurons and Learning." *Nature Neuroscience* 16, no. 7 (July 2013): 966–73. https://www.doi.org/10.1038/nn.3413.

17. Robinson, Brent M., and Lorin J. Elias. "Novel Stimuli Are Negative Stimuli: Evidence That Negative Affect Is Reduced in the Mere Exposure Effect." *Perceptual and Motor Skills* 100, no. 2 (April 2005): 365–72. https://www.doi.org/10.2466/pms.100.2.365-372.

18. Robinson and Elias. "Novel Stimuli Are Negative Stimuli."

19. Fiorillo, Christopher D., Philippe N. Tobler, and Wolfram Schultz. "Discrete Coding of Reward Probability and Uncertainty by Dopamine Neurons." *Science* 299, no. 5614 (2003): 1898–1902. https://www.doi.org/10.1126/science.1077349.

20. Clear, James. *Atomic Habits: An Easy & Proven Way to Build Good Habits &*

Break Bad Ones. New York: Avery, 2018.

21. Moccia, Lorenzo, Marianna Mazza, Marco Di Nicola, and Luigi Janiri. "The Experience of Pleasure: A Perspective between Neuroscience and Psychoanalysis." *Frontiers in Human Neuroscience* 12 (September 2018): 359. https://doi.org/10.3389/fnhum.2018.00359.

22. García, Héctor, and Francesc Miralles. *Ikigai: The Japanese Secret to a Long and HAppy Life.* New York: Penguin Books, 2017.

第 6 章

1. Breuning, Loretta Graziano. *Habits of a HAppy Brain: Retrain Your Brain to Boost Your Serotonin, Dopamine, Oxytocin, & Endorphin Levels.* Avon, MA: Adams Media, 2016.

2. Emmons, Henry. *The Chemistry of Calm: A Powerful, Drug- Free Plan to Quiet Your Fears and Overcome Your Anxiety.* New York: Touchstone, 2011.

3. Killingsworth, Matthew A., and Daniel T. Gilbert. "A Wandering Mind Is an UnhAppy Mind." *Science* 330, no. 6006 (November 12, 2010): 932. https://www.doi.org/10.1126/science.1192439.

4. Lieberman, Daniel Z., and Michael E. Long. *The Molecule of More: How a Single Chemical in Your Brain Drives Love, Sex, and Creativity—and Will Determine the Fate of the Human Race.* Dallas: BenBella Books, 2019.

5. Soroka, Stuart, and Stephen McAdams. "News, Politics, and Negativity." *Political Communication* 32, no. 1 (2015): 1– 22. https://www.doi.org/10.1080/10584609.2014.881942.

6. Erisen, Elif. "Negativity in Democratic Politics. By Stuart N. Soroka. (Cambridge University Press, 2014)" (review). *Journal of Politics* 77, no. 2 (April 2015): e9–10. https://www.doi.org/10.1086/680144.

7. Mrug, Sylvie, Anjana Madan, Edwin W. Cook III, and Rex A. Wright. "Emotional and Physiological Desensitization to Real-Life and Movie Violence." *Journal of Youth and Adolescence* 44, no. 5 (May 2015): 1092–108.

https://www.ncbi.nlm.nih.gov/pmc/articles/PMC4393354/

8.   Smith, Jennifer L., and Fred B. Bryant. "Savoring and Well- Being: MApping the Emotional Terrain of the HAppy Mind." In *The HAppy Mind: Cognitive Contributions to Well- Being*, 139–56. Cham, Switzerland: Springer International, 2017.

9.   Smith and Bryant. "Savoring and Well- Being."

10. Kane, Colleen. "Homes of Billionaires: Warren Buffett." CNBC, July 26, 2012. https://www.cnbc.com/2012/07/26/Homes-of-Billionaires:-Buffett. html; Gates, Bill, and Melinda Gates. "Warren Buffett's Best Investment." GatesNotes (blog), February 14, 2017. https://www.gatesnotes.com/2017-Annual-Letter.

11. Blakemore, Sarah- Jayne. "The Social Brain in Adolescence." *Nature Reviews Neuroscience* 9, no. 4 (April 2008): 267– 77. https://www.doi.org/10.1038/nrn2353.

12. Robson, David. "A Brief History of the Brain." *New Scientist*, September 21, 2011. https://www.newscientist.com/article/mg21128311-brain.

13. Lieberman, Daniel E. *The Story of the Human Body: Evolution, Health, and Disease*. New York: Vintage Books, 2014.

第 7 章

1.   "COVID-19: Screen Time Spikes to over 13 Hours per Day according to Eyesafe Nielsen Estimates." Eyesafe, March 28, 2020. https://eyesafe.com/covid-19-screen-time-spike-to-over-13-hours-per-day/

2.   "COVID-19: Screen Time Spikes to over 13 Hours per Day According to Eyesafe Nielsen Estimates." Eyesafe.

3.   Bailey, Chris. *Hyperfocus: How to Be More Productive in a World of Distraction*. New York: Viking, 2018.

4.   Lieberman, Daniel E. *The Story of the Human Body: Evolution, Health, and Disease*. New York: Vintage Books, 2014.

5. Althoff, Tim, et al. "Large- Scale Physical Activity Data Reveal Worldwide Activity Inequality." *Nature* 547, no. 7663 (July 20, 2017): 336– 39. https://www.doi.org/10.1038/nature23018.

6. Tudor-Locke, Catrine, and David R. Bassett Jr. "How Many Steps/ Day Are Enough?: Preliminary Pedometer Indices for Public Health." Sports Medicine 34, no. 1 (January 2004): 1–8. https://pubmed.ncbi.nlm.nih.gov/14715035/

7. Laskowski, Edward R. "How Much Should the Average Adult Exercise Every Day?" Mayo Clinic, April 27, 2019. https://www.mayoclinic.org/healthy-lifestyle/fitness/expert-answers/exercise/faq-20057916

8. McGonigal, Kelly. *The Joy of Movement: How Exercise Helps Us Find HAppiness, Hope, Connection, and Courage.* New York: Avery, 2021.

9. Bailey, Chris. "Want to Become HAppier? Get Moving!" *A Life of Productivity*, June 16, 2020. https://chrisbailey.com/want-to-become-hAppier-get-moving/

10. Bailey. "Want to Become HAppier?"

11. Bailey. "Want to Become HAppier?"

12. Bailey. "Want to Become HAppier?"

13. Birak, Christine, and Marcy Cuttler. "Why Loneliness Can Be as Unhealthy as Smoking 15 Cigarettes a Day." CBC News, August 17, 2017. https://www.cbc.ca/news/health/loneliness-public-health-psychologist-1.4249637.

14. Ducharme, Jamie. "Why Spending Time with Friends Is One of the Best Things You Can Do for Your Health." Time, June 25, 2019. https://time.com/5609508/social-support-health-benefits/.

15. Holt- Lunstad, Julianne, et al. "Loneliness and Social Isolation as Risk Factors for Mortality: A Meta-analytic Review." *Perspectives on Psychological Science* 10, no. 2 (March 2015): 227–37. https://www.doi.org/10.1177/1745691614568352.

16. Zaki, Jamil. " 'Self- Care' Isn't the Fix for Late- Pandemic Malaise."

The Atlantic, October 21, 2021. https://www.theatlantic.com/ideas/archive/2021/10/other-care/620441.

17. Harte, Jane L., Georg H. Eifert, and Roger Smith. "The Effects of Running and Meditation on Beta- Endorphin, Corticotropin- Releasing Hormone and Cortisol in Plasma, and on Mood." *Biological Psychology* 40, no. 3 (June 1995): 251–65. https://pubmed.ncbi.nlm.nih.gov/7669835/

18. Howland, Robert H. "Vagus Nerve Stimulation." *Current Behavioral Neuroscience Reports* 1, no. 2 (June 2014): 64–73. https://pubmed.ncbi.nlm.nih.gov/24834378/ ; Baenninger, Ronald. "On Yawning and Its Functions." *Psychonomic Bulletin & Review* 4, no. 2 (June 1997): 198–207. https://link.springer.com/article/10.3758/BF03209394 ; Wile, Alfred L., Brandon K. Doan, Michael D. Brothers, and Michael F. Zupan, "Effects of Sports Vision Training on Visual Skill Performance: 2189 Board #160 May 30 9:00 AM-10:30 AM." *Medicine & Science in Sports & Exercise* 40, no. 5 (May 2008): S399. https://journals.lww.com/acsm-msse/Fulltext/2008/05001/Effects_Of_Sports_Vision_Training_On_Visual_Skill.2366.aspx

19. Vgontzas, Alexandros N., et al. "Chronic Insomnia Is Associated with Nyctohemeral Activation of the Hypothalamic- Adrenal Axis: Clinical Implications." *Journal of Clinical Endocrinology & Metabolism* 86, no. 8 (August 2001): 3787– 94. https://www.doi.org/10.1210/jcem.86.8.7778.

20. Garrett, Bridgette E., and Roland R. Griffiths. "The Role of Dopamine in the Behavioral Effects of Caffeine in Animals and Humans." *Pharmacology, Biochemistry, and Behavior* 57, no. 3 (July 1997): 533– 41. https://pubmed.ncbi.nlm.nih.gov/9218278/.

21. Lovallo, William R., et al. "Caffeine Stimulation of Cortisol Secretion across the Waking Hours in Relation to Caffeine Intake Levels." *Psychosomatic Medicine* 67, no. 5 (September 2005): 734–39. https://www.doi.org/10.1097/01.psy.0000181270.20036.06; Lane, J. D., et al. "Caffeine Effects on Cardiovascular and Neuroendocrine Responses to Acute Psychosocial

Stress and Their Relationship to Level of Habitual Caffeine Consumption."
Psychosomatic Medicine 52, no. 3 (May 1990): 320–36. https://pubmed.ncbi.
nlm.nih.gov/2195579/.

22. Hughes, R.N. "Drugs Which Induce Anxiety: Caffeine." *New Zealand Journal
of Psychology* 25, no.1 (June 1996): 36– 42.

23. "Caffeine Chart." Center for Science in the Public Interest. Accessed July 28,
2021. https://www.cspinet.org/caffeine-chart

24. Mehta, Foram. "What You Should Know about L-Theanine." Healthline,
January 20, 2021. https://www.healthline.com/health/l-theanine#dosage.

25. "Alcohol Facts and Statistics." National Institute on Alcohol Abuse
and Alcoholism. Accessed March 4, 2022. https://www.niaaa.nih.gov/
publications/brochures-fact-sheets/statistics.

26. "Alcohol Facts and Statistics."

27. "Alcohol Facts and Statistics."

28. Stiehl, Christina. "Hangover Anxiety: Why You Get 'Hangxiety' after a Night
of Drinking." *Self*, January 1, 2021. https://www.self.com/story/hangover-
anxiety.

29. Banerjee, Niladri. "Neurotransmitters in Alcoholism: A Review of
Neurobiological and Genetic Studies." *Indian Journal of Human Genetics* 20,
no. 1 (2014): 20–31. https://www.doi.org/10.4103/0971-6866.132750.

30. Banerjee. "Neurotransmitters in Alcoholism."

31. Banerjee. "Neurotransmitters in Alcoholism."

32. Banerjee. "Neurotransmitters in Alcoholism."

33. Franklin, Carl, Jason Fung, and Megan Ramos. "Stress and Weight Gain,"
December 13, 2017. The Obesity Code Podcast. 48:05. https://podcasts.
Apple.com/us/podcast/stress-and-gain/id1578520037?i=1000530185283.

34. Timonen, M., et al. "Depressive Symptoms and Insulin Resistance in Young
Adult Males: Results from the Northern Finland 1966 Birth Cohort."
Molecular Psychiatry 11, no. 10 (October 2006): 929–33. https://www.doi.

org/10.1038/sj.mp.4001838.

35.　Dallman, Mary F. "Stress- Induced Obesity and the Emotional Nervous System." *Trends in Endocrinology & Metabolism* 21, no. 3 (March 2010): 159–65. https://www.doi.org/10.1016/j.tem.2009.10.004.

36.　Kershaw, Erin E., and Jeffrey S. Flier. "Adipose Tissue as an Endocrine Organ." *Journal of Clinical Endocrinology & Metabolism* 89, no. 6 (June 2004): 2548–56. https://www.doi.org/10.1210/jc.2004-0395.

37.　Dallman. "Stress-Induced Obesity."

38.　Berridge, Kent C., and Terry E. Robinson. "What Is the Role of Dopamine in Reward: Hedonic Impact, Reward Learning, or Incentive Salience?" *Brain Research Reviews* 28, no. 3 (December 1998): 309–69. https://www.sciencedirect.com/science/article/abs/pii/S0165017398000198

39.　Emmons, Henry. *The Chemistry of Calm: A Powerful, Drug- Free Plan to Quiet Your Fears and Overcome Your Anxiety.* New York: Touchstone, 2011.

第8章

1.　Dwyer, Karen Kangas, and Marlina M. Davidson. "Is Public Speaking Really More Feared Than Death?" *Communication Research Reports* 29, no. 2 (2012): 99–107. https://www.doi.org/10.1080/08824096.2012.667772.

2.　Cowan, Nelson. "Working Memory Underpins Cognitive Development, Learning, and Education." *Educational Psychology Review* 26, no. 2 (June 2014): 197–223. https://www.ncbi.nlm.nih.gov/pmc/articles/PMC4207727/.

3.　Moran, Tim P. "Anxiety and Working Memory Capacity: A Meta- analysis and Narrative Review." *Psychological Bulletin* 142, no. 8 (August 2016): 831–64. https://www.doi.org/10.1037/bul0000051.

4.　Moran. "Anxiety and Working Memory Capacity."

5.　這項數值是引用摩蘭的論文〈焦慮與工作記憶容量：統合分析與敘事評論〉（Anxiety and Working Memory Capacity: A Meta-analysis and Narrative Review）。在分析中，摩蘭衡量了焦慮會導致工作記憶容量縮減的程度，不過他是以標準差來顯示最後結果。為了將標準差轉化為可顯示兩者相關性的簡單指標，我把標準差換算成效應值（cohen's d）（資料來源：Hedges and Olkin, 1985），推估與原始效應值之間相關性（資料來源：Rosenthal, 1984）。最終得出以下結果：縮減16.47%。我聯絡摩蘭，向他確認我是否有正確解讀他的研究結果，他也得到相同結論。關於焦慮如何影響我們的工作記憶容量，常會出現許多相互矛盾的研究結果，這也是為什麼他的論文非常有參考價值、而且重要。這是我發現關於焦慮對工作記憶容量的影響分析最好的一篇論文。

6.   Moran, Tim, interview by Chris Bailey, June 10, 2021.

7.   Eysenck, Michael W., et al. "Anxiety and Cognitive Performance: Attentional Control Theory." Emotion 7, no. 2 (May 2007): 336–53. https://www.doi.org/10.1037/1528-3542.7.2.336.

8.   Chai, Wen Jia, Aini Ismafairus Abd Hamid, and Jafri Malin Abdullah. "Working Memory from the Psychological and Neurosciences Perspectives: A Review." *Frontiers in Psychology* 9 (March 2018): 401. https://www.doi.org/10.3389/fpsyg.2018.00401; and Lukasik, Karolina M., et al. "The Relationship of Anxiety and Stress with Working Memory Performance in a Large Non- depressed Sample." *Frontiers in Psychology* 10 (January 2019): 4. https://www.doi.org/10.3389/fpsyg.2019.00004.

9.   Azarian, Bobby. "How Anxiety Warps Your Perception." BBC, September 29, 2016. https://www.bbc.com/future/article/20160928-how-anxiety-warps-your-perception.

10. Baddeley, A. D. "A Zeigarnik- like Effect in the Recall of Anagram Solutions." Quarterly Journal of Experimental Psychology 15, no. 1 (March 1963): 63–64. https://www.doi.org/10.1080/17470216308416553.

第9章

1.   Black, Nicola, et al. "Cannabinoids for the Treatment of Mental Disorders and Symptoms of Mental Disorders: A Systematic Review

and Meta-analysis." *The Lancet: Psychiatry* 6, no. 12 (December 2019): 995–1010. https://www.thelancet.com/journals/lanpsy/article/PIIS2215-0366(19)30401-8/fulltext

2. Black et al. "Cannabinoids for the Treatment of Mental Disorders."

3. "Coronavirus Declared Global Health Emergency by WHO." BBC News, January 31, 2020. https://www.bbc.com/news/world-51318246.

工作生活 BWL095

愈平靜愈有生產力
How to Calm Your Mind:
Finding Presence and Productivity in Anxious Times

作者——克里斯·貝利（Chris Bailey）
譯者——吳凱琳

總編輯 —— 吳佩穎
財經館副總監 —— 蘇鵬元
責任編輯 —— 吳芳碩
封面設計 —— FE設計

出版者 —— 遠見天下文化出版股份有限公司
創辦人 —— 高希均、王力行
遠見·天下文化 事業群榮譽董事長 —— 高希均
遠見·天下文化 事業群董事長 —— 王力行
天下文化社長 —— 王力行
天下文化總經理 —— 鄧瑋羚
國際事務開發部兼版權中心總監 —— 潘欣
法律顧問 —— 理律法律事務所陳長文律師
著作權顧問 —— 魏啟翔律師
社址 —— 臺北市104松江路93巷1號
讀者服務專線 —— 02-2662-0012｜傳真—02-2662-0007；02-2662-0009
電子郵件信箱 —— cwpc@cwgv.com.tw
直接郵撥帳號 —— 1326703-6號　遠見天下文化出版股份有限公司

內文排版 —— 張瑜卿
製版廠 —— 東豪印刷事業有限公司
印刷廠 —— 祥峰印刷事業有限公司
裝訂廠 —— 聿成裝訂股份有限公司
登記證 —— 局版台業字第2517號
總經銷 —— 大和書報圖書股份有限公司｜電話 —— 02-8990-2588
出版日期 —— 2023年4月28日第一版第1次印行
　　　　　　2024年5月21日第一版第4次印行

國家圖書館出版品預行編目（CIP）資料

愈平靜愈有生產力／克里斯·貝利（Chris Bailey）著；
吳凱琳譯. -- 第一版. -- 臺北市：
遠見天下文化，2023.04
320面；14.8×21公分. --（工作生活；BWL095）
譯自：How to calm your mind : Finding presence and
productivity in anxious times.

ISBN　978-626-355-162-6（平裝）

1.CST：焦慮　2.CST：抗壓　3.CST：壓力

176.527　　　　　　　　　　　　　112004044

定 價 —— 450元
ISBN —— 978-626-355-162-6｜EISBN —— 9786263552098（PDF）；9786263552081（EPUB）
書 號 —— BWL095
天下文化官網 —— bookzone.cwgv.com.tw